Wolffs Broschur

Isidora Sekulić
Briefe aus Norwegen

Ausgewählte Texte aus den Jahren
1913 bis 1951

Aus dem Serbischen übersetzt
und herausgegeben von
Tatjana Petzer

FRIEDENAUER PRESSE BERLIN

Briefe aus Norwegen

Oslo (Kristiana), Ende August [1913]

Vor langer Zeit lebte ein König namens Gylfi, und es geschah einmal, dass durch sein Land eine seltsame Frau zog, die ihn unterhielt und betörte mit ihren Zauberkünsten. Der König versprach ihr als Belohnung so viel Land, wie vier Ochsen an einem Tag und in einer Nacht umpflügen können. Die Frau war aus dem mächtigen Geschlecht der Asen, ihr Name war Gefjon. Sie nahm vier Ochsen und spannte sie vor den Pflug. Es waren ihre Söhne, gezeugt mit einem Riesen aus dem einsamen, eisbedeckten Gebirge Jotunheimen. Als die Ochsen mit ihrer gewaltigen Kraft zu pflügen begannen, schnitt der Pflug eine so mächtige und tiefe Furche in die Erde, dass sich ein großer Teil vom Festland ablöste. Dann trugen die Ochsen das abgetrennte Land ans Meer, Richtung Westen, bis sie in einem engen Sund steckenblieben. Hier befestigte Gefjon die herausgerissene Insel und gab ihr den Namen Seelund. Und dort, wo das Land herausgerissen war, entstand der Lögersee, und die Buchten des Lögersees entsprechen, der Sache nach genau und logisch, den Klippen der Insel Seelund, die heute Seeland heißt. Zu diesem abgespaltenen und von Wasser, Wind und Frost gepeinigten Land brechen wir jetzt auf.

Sobald man Deutschland auf einem Schiff oder einer riesigen Dampffähre, die eine ganze Eisenbahn trägt, hinter sich gelassen hat und über die Ostsee in Richtung Dänemark fährt, spürt man gleich: Hier liegt die Grenze zu den Ländern des Nordens, die in ihrer Vergangenheit und ihren Mythen Kämpfe gegen die Gewalt von Riesen und Meeresungeheuern ausgetragen haben und sich heute gegen die Macht und Unbarmherzigkeit der Felsen, des Wassers und der Kälte stemmen. Man spürt, dass hier jene Gegend ist, in der man sich erzählt, dass aus der Berührung von heißer Luft und Eis Ymir, der Urahne der Eisriesen, und die Kuh Audhumla entstanden sind, und diese Kuh ernährte sich selbst und Ymir, indem sie die vereisten Felsen ableckte. Aus dem Körper Ymirs aber erschufen die Ersten aus dem Geschlecht der Asen die Welt mit Himmel und Erde. Man spürt, dass man sich einem strengen Land nähert, in dem die mythischen Gottheiten nach Sommer- und Wintergöttern unterschieden werden, und die einen wie die anderen fürchteten den Weltuntergang, der dann kommen soll, wenn der Wolf Fenrir Mond und Sonne verschlingt.

Wir stachen in eine graue, kalte, träge und schwere See und starrten aufmerksam in das Gesicht dieses sozusagen bösen Wassers. Das sind keine geschmeidigen Wellen, die sich wiegen, fließen und schäumen; das sind starre Platten, die aufeinanderstoßen, herabstürzen und zerbrechen. Dieser Raum ist nicht mit Wasser gefüllt, dieser Raum ist mit Wasser gepflastert. Wenn die Flüssigkeit an einer Stelle doch aufschäumt, ist der Schaum hart und scharf wie Steinsplitter, aber am häufigsten sieht man helle, gerade und scharfe Kanten auf den starren Wellen, die vermutlich kalt wie Messer sind. Und wenn nur ein leichter, flinker Wind aufkommt, der die Oberfläche des Mittelmeers in winzige blaue Schüsselchen mit etwas rosa oder grüner Farbe am Grund aufwirbelt, schnellen hier, gepeitscht und heftig, kantige kleine Wellen empor, deren weiße, harte Spitzen wie Eiszacken aussehen. Vielleicht treibt und trägt auch dieses seltsame Wasser Schwerter und Messer mit sich, so wie der Strom Slidur aus dem nordischen Epos, aus den Versen der *Edda*.

Als wir nach einer zweistündigen Fahrt am Festland anlegten und sich mittels eines schönen Mechanismus und der Schwere des Zuges die Schienen auf dem Lande mit denen auf der Fähre verbunden hatten und die Zugmaschine uns aus dem Meer zog, befanden wir uns auf der Insel Falster, dem ersten Stückchen des insularen Dänemarks. Wir wollten mit dem Zug, durch Dänemark reisend, das Land erreichen, das im wahrsten Sinne des Wortes zerstückelt und zerrissen ist, das, wie der Mythos sagt und wie soeben vernommen, durch Zerstückelung entstanden ist, und das fortwährend und täglich durch das Wasser erodiert und durch das Eis abgeschürft wird.

Die ersten Asen, Odin und seine Brüder, haben den Körper des Riesen Ymir in Stücke zerlegt und aus dem Rumpf die Erde erschaffen, aus dem Blut das Meer, aus dem Schädel den Himmel, aus dem auseinandergestobenen Gehirn die Wolken, aus den zersplitterten Knochen die Steintriften. Jedoch sind die Teile des in Stücke gerissenen Riesen nicht gleichmäßig auseinandergeflogen und haben sich nicht gerecht verteilt. Während Dänemark und Schweden zu großen Teilen aus Flachland mit Gras und hellgrünen Bäumen beschaffen sind, blieben Ymirs Gehirn und Knochen überwiegend im heutigen Norwegen – in dem Land, das eine barbarische Phantasie von nacktem Stein und Wasser ist, von grünem Wintermondschein und kurzen dunklen Tagen, von mächtigen Tannenwäldern, aber auch von zarten Tulpen auf Zimmerbeeten mitten im Winter. Ein Land, das die Heimat poetischer Seelen ist, aber auch jeglichen unerbittlichen Widerstands gegen Erniedrigung durch Armut. Ein Land harten und mühsamen Lebens, in dem es ohne Heldentum kein Brot, keine Kultur, keine Freude gibt.

Über Dänemark sagen die Norweger, es sei ein reiches Land und der Bauer dort lebe leicht und gut. Aber wenn jemand durch dieses Land reist, der das Ackermeer des Banats* gesehen hat und weiß, was auf einer Spatenbreite des Banater Bodens sprießen kann und was alles auf der Erde der üppigen Obstgärten in Srem** verfault, für den ist es seltsam, eine Gegend zu durchqueren, in der es nicht eine Weinbeere gibt und wo die Felder mit Draht umzäunt werden. Aus der Behauptung der Norweger kann er nur das eine schließen: dass die Norweger viel ärmer und nicht, dass die Dänen sehr reich sind.

Ebenen gibt es in Dänemark viele, aber sie werden vorwiegend als Weiden genutzt; auf der gräulichen, verwitterten, kalten, mit nordwestlichen Winden begossenen Erde gedeiht zwar Gras, aber nicht solches, das in seinem Samen Brot und Dukaten trägt. Und Wälder sind oft nur Haine. Nördlicher, in Norwegen, werden die Bäume dann riesenhaft und hundertjäh-

* Eine multikulturelle historische Region, die heute in Westrumänien, Nordserbien und im Südosten der ungarischen Tiefebene liegt.

** Srem (dt. auch Syrmien) ist eine historische Region zwischen den Flüssen Donau und Save.

rig sein. Hier dagegen sind die Bäume zierlich, die Kühe aber gesund und massig. Wenn das Gespräch auf die Häuser oder Behausungen kommt, dann wird der norwegische Bauer, der nur Häuser aus Holz kennt, sagen, dass der dänische Bauer in Häusern aus Ziegelstein lebt. Diese gemauerten, meist weiß gestrichenen, niedrigen, strohgedeckten Häuser mit kleinen Fensterchen ohne Vorhang erinnerten uns allerdings in erster Linie an die Dörfer der Region Srem, also an unsere armen Dörfer. Aber es sollte gleich, und das sticht auch von selbst hervor, die Sehnsucht des Nordländers nach Blumen und Farben betont werden. Fast jedes Haus in Dänemark ist von einem gepflegten Garten umrahmt, jeder Garten wiederum ist mit erlesenen Blumen geschmückt. Wenn man das Haus betritt, so herrscht darin Ordnung und Sauberkeit und eine Lebensweise, die von unserem Bauern aus Srem ebenso weit entfernt ist wie das Dorf Ledinci* vom Städtchen Gjedser**. Mag der dänische Bauer auch noch so arm, mag das Land auch noch so klein sein, einerlei, sein Häuschen ist aufgeräumt und gepflegt, und zwischen den dicht gepflanzten Wirsingköpfen blühen Rosen und schillern Astern. In den Versen des Engländers Shakespeare zählt Hamlet, Prinz von Dänemark, eine Reihe von Blumennamen auf. Der ganze protes-

* Heute Vorstadtsiedlung der nordserbischen Stadt Novi Sad.

** Fährhafenstädtchen an der Südspitze von Falster.

tantische Norden zeigt eine ungewöhnliche, immerwährende Liebe zu den Blumen. Diese ist in England und in Skandinavien Teil und auch eine Aufgabe des Lebens. In Norwegen trifft das gleichermaßen auf die sonnigen Fjorde und die kargen Gegenden der Berge und Winde zu. In England gibt es mehr Blumen als in Frankreich, in Norwegen jedoch findet man allein auf dem Weg von Bergen nach Trondheim mehr erlesene und kultivierte Blumen als in ganz Italien.

Ist diese Charaktereigenschaft ein Überbleibsel der barbarischen Naivität des Skandinaviers? Ist es christliche Feinfühligkeit, dass die Blume ein schöner Bruder oder eine schöne Schwester dieser nicht allzu schönen Menschen werde? Ist es letztlich nicht eine Form stiller Philosophie und Poesie einsamer Menschen, in der Betrachtung der Blume Trost und Freude zu finden? Wer weiß das schon. Jedoch steht im Botanischen Garten in Kopenhagen eine Brücke, bei der vor lauter Blumen und Rasen keine Pfeiler oder Bolzen, kein Stück Holz oder Eisen zu sehen ist, und es kann bei jeder norwegischen Frau, wenn sie überhaupt zum Markt gelangt, dazu kommen, dass sie nebst Brot und Fisch einen Topf oder Strauß Blumen erwirbt. Norwegische Augen, in denen die seltsame Unruhe von Wasser liegt, das nach dem Ufer strebt, beruhigen sich, sobald sie Blumen erblicken. Anders im slawischen Norden: Der Russe steckt seinen Kopf gewöhnlich in ein Buch, egal, ob er sitzt oder steht, mit der Straßenbahn oder mit dem Zug unterwegs ist. Der Russe, fast immer kurzsichtig, hängt, mit gebeugtem Kopf, irgendwelchen Gedanken nach, stellt sich Fragen und gibt sich Rätsel auf. Die Fragen und die Rätsel sind im Übrigen auch im blühenden germanischen Teil des Nordens schuld daran, dass manchmal hier und da eine Blume ungegossen und unbehütet bleibt. In der Welt des Nordens lebt es sich schwer. Hier kennt man mehr Fragen als Antworten. Und es kommt vor, dass sich ein ganzes lyrisches Lied nur aus Fragen zusammensetzt.

Von Kopenhagen bis Helsingør, wo die Eisenbahn zum dritten Mal auf dem Rücken der Fähre das Meer überquert und entlang der schwedischen Küste bei der Meerespassage Kattegat weiterfährt, breiten sich weiche grüne, üppige Weiden aus, und auch wenn alle Kleinviehherden und Herden von jenen kleinen kräftigen schwarz-weißen Kühen den ganzen Tag lang knabbern und fressen – nirgends können sie das Gras lichten. Es gibt auch Felder und Wäldchen sowie große Landgüter, und da sich über dieses schwedische Kampanien reichlich Sonne ergießt, vergisst der Reisende schnell, dass der Weg nach Lappland hier hindurch führt.

Doch in all dieser Sanftheit liegt eine seltsam starre Ruhe, eine gleichgültige Ruhe, ohne Offenherzigkeit, Humor oder Schabernack. Man sieht weder die freizügigen und üppigen Gesten und Formen unserer Natur, die in Sonne getaucht und bis auf das Mark in den Knochen und Baumstämmen von Licht und Wärme durchtränkt sind, noch sieht man die verzweifelten und trotzigen Posen und Verfinsterungen des wahren Nordens, der in der Dämmerung lebt und, oft hungrig und durstig, kämpft. Ohne Temperament wächst und reift das Obst, und Bäume und Wälder sind ohne Physiognomie. Als ob nachts etwas kommt und ohne Leidenschaft, ohne besondere Freude oder Qual, die Pflänzchen und Bäumchen herausreißt, und wenn der nächste Tag dämmert, ist alles wieder in der alten gestrigen und vorgestrigen Stimmung, nur um einen Tag älter und um ein Haar gewachsen.

Und wenn man die norwegische Grenze passiert, ist es, als ob man in das Haus eines ernsten, armen, sorgenvoll beschäftigten Menschen tritt, der sich über den Gast wundert und lange nicht glauben kann, dass sich der Gast darüber freut, auf Besuch in Norwegen zu sein. Mit einem kurzen Lächeln, wenig Worten und einer verlegenen Bewegung empfängt ein norwegischer Bauer den Gast, als ob er sich dafür entschuldigen möchte, dass sein Land derart karg, derart schweigsam und derart unzugänglich ist. Als ob er fragen möchte: Warum bist du hierher gekommen, wo in den Wänden unserer Steinhäuser Teufel wohnen, *die Krallen sogar an den Knien und am Schwanz haben*; was willst du hier, wo der Horizont Monat für Monat nur von einer unsichtbaren Sonne erwärmt wird?

Das Herz des Norwegers ist tief verborgen vor den Augen Neugieriger und dem Angebot der Freundschaft; sein Land ist das Land der schwarzen Felsen und der stummen Wasser, ein Land ewigen Hungers nach Sonne und der Sehnsucht nach dem Menschen, nach einem Durchreisenden. Leblos, skelettartig und längst verstorben zeigen sich jene riesigen kristallinen Felswände, in denen kein Leben ist und die auch keines spenden, die mal phantastische, mal fürchterliche Terrassen riesiger Strukturen ohne Namen und ohne Ziel sind. Wohl aber stets würdevolle, stolze architektonische Formen. Von der anderen Seite betrachtet, sind die zerfressenen und zernagten Teile des Rumpfes Norwegens, mit einer Unmenge an Inseln, Landengen, Riffen, Klippen, Gelenken, Fingern und Stümpfen die entblößten und auf die empfindliche

Seite gewendeten Nerven dieser Erde, vom Wasser gereizte Nerven eines Landes, in dem man sagt, der Mensch ist so und so viele Winter alt, in dem man Kindern mit dem Popanz, der fünfzehn Winter bringen wird, Angst macht und in dem neun Monate im Jahr die bösen Götter der Finsternis und des Sturms herrschen und nur drei Monate lang die gerechten Götter der Liebe und der Sonne. In seinen Verwicklungen und Entwirrungen ist der Norden dramatisch.

Das Leben Norwegens spielt sich komplett auf dem Felsen ab. Im Felsen eingeschrieben sind seine Eigenart und all sein Unglück. All seine Schönheit liegt in den Wassern. In den Wäldern seine Phantasie. An der zerklüfteten und blühenden Westküste reihen sich ungewöhnlich schöne und unheimlich verschwiegene Fjorde mit ihren Tälern aneinander. Verstreut liegen hier winzige Städte, die vom regen und raschen Leben der Seemänner und vom bunten Getöse der Häfen erfüllt sind. Im Landesinneren erdrücken die öden Schneefelder, Fjells* und Geröllhalden Land und Leute. Schwerfällig und unregelmäßig erheben sich die Kleinstädte auf diesen schicht- oder kegelförmigen, oft glasglatten Hügeln und Felsblöcken, die auf Schritt und Tritt aus der Erde hervorbrechen und sich schwer einebnen lassen.

* Mit Fjell (norw. ›Berg‹, ›Gebirge‹) werden typische norwegische Landschaften oberhalb der Waldgrenze bezeichnet: der baumlose Berg bis hin zur weiten Hochebene.

Auch Oslo (früher Kristiana), die Hauptstadt Norwegens, liegt auf einem solchen Gelände. Deshalb ist hier alles wellig und uneben. Hier gibt es viele steil ansteigende Straßen, emporgehobene Häuser und etliche bizarre Bilder. Man geht durch die Straße und auf einmal raschelt ein Baum überm Kopf, man konnte es davor nicht ahnen, wird doch von der Straßenseite her die Felswand von einer Hecke verdeckt. Während man zu einem Bekannten direkt von der Straße aus ins Haus eintritt, ist das Haus des Nachbarn erst über sechzig Stufen zu erreichen. Wieder ein Stück weiter erhebt sich zwischen zwei Häusern ein Fels, der wie ein zerstörter Turm oder ein umgekipptes Schiff aussieht, aus dem in einer seltsamen, fast horizontalen Lage eine Platane gewachsen ist und den halben Weg versperrt. Die Kirchen befinden sich meistens auf Hügeln, und die Karl-Johann-Straße, benannt nach dem norwegischen König, führt wie eine großflächige Terrasse hinauf zum Königspalast, der von der waldigen Anhöhe aus den ganzen Stadtkern überblickt.

Später, wenn der dicke norwegische Schnee fällt und die Schlittenbahn geschaffen ist, sieht man viele reizvolle, ungewöhnliche Bilder auf diesem hügeligen und unebenen Gelände. Nicht nur die Schulkinder, sondern auch die Post- und Bankburschen, Handels-

und Handwerkslehrlinge sowie die Laufburschen, mit einem Wort all jene, die zum Vergnügen oder im Dienst den ganzen Tag die Straßen durchkreuzen, werden mit einem sehr niedrigen, schmalen und leichten, sozusagen einem Handschlitten erscheinen, den sie wie eine Aktentasche unter der Achsel tragen. Und sowie die Straße auch nur ein wenig abschüssig ist, sitzen die Erwachsenen mit einem schnellen und geschickten Manöver auf, die Kinder aber legen sich bäuchlings auf ihre Schlitten, und im Nu, während man selbst noch unbeholfen herumtappst und es vorsichtig mit links und mit rechts erkundet, haben sie ihren Weg abgekürzt und springen dort unten, am Fuße der Straße, aus dem Schnee, klemmen den Schlitten wieder unter die Achsel, bis zur nächsten günstigen Gelegenheit, derer es in den Straßen von Oslo genug gibt.

Es gibt in Oslo natürlich auch solche Passanten, für die sich ein Schlitten nicht schickt. Im norwegischen Verständnis schickt sich für sie etwas anderes, es schickt sich, dass sie sich schlitternd warm machen und so ihren Weg verkürzen. Auf jedem Bürgersteig sieht man ein oder zwei Schlitterbahnen, spiegelglatt, und auf ihnen rutscht Jung und Alt, dick und dünn, graziös und plump, und dies selbstverständlich mit einer Sicherheit und Schnelligkeit, die nur Leute haben können, die das von Geburt an so machen und sich mehr als sechs Monate im Jahr auf diese originelle Weise fortbewegen.

Wie diese Erscheinungen den Verkehr beleben, wie viel Charakteristisches, wie viele neue Gesten, Figuren und Manieren sie in das alltägliche Straßenbild einbringen, ist nicht leicht zu beschreiben. Es sieht so aus, als tanzten alle Leute vor Freude über den Schnee und die vorbeifliegenden Schlitten

Es erstaunt vielleicht, dass in einer modernen, ordentlichen, strikt europäisch organisierten Hauptstadt dieses seltsame Gejage weder in den Parks noch auf den belebtesten Straßen und Kreuzungen verboten ist. Das ist ja eine Art nationaler Befürwortung dafür, dass ohne jegliche Vorschriften und Regeln jeder nach Belieben stürzen und jeden nach Belieben umwerfen darf! Unablässig kreuzen sich und blitzen Kinderschlitten oder mit Paketen beladene Schlitten zwischen den Autos und Straßenbahnen auf – und nirgends ein Bürgersteig ohne Schlitterbahn beziehungsweise, da ganz kleine Schlitten auch auf dem Bürgersteig benutzt und diese in alle Richtungen gezogen werden, gibt es auch keinen Gehweg, der nicht zugleich Schlitterbahn ist. Man muss indes zugeben, dass sich große Unfälle selten ereignen und die kleinen

Missgeschicke meist jenen passieren, die versuchen, zwischen den Schlitterbahnen hindurchzugehen.

Besonders malerisch sind jene Orte, wo sich die Kreuzung auf einer Anhöhe befindet und dann Straßen mit Gefälle sternenförmig wegführen. Dazu gehört zum Beispiel die Anhöhe vor dem königlichen Schloss oder der Platz, auf dem das Denkmal für den Dichter Welhaven* steht. Hier sind zu jeder Tageszeit so viele Kinder wie an Weihnachten Spatzen auf der Scheune, und es ist ungemein interessant zuzuschauen, wie bravourös sie die Schlitten lenken, von der Anhöhe herunterfahren, die ganze Straße dahingleiten und, infolge des mächtigen Schwungs, noch auf der Ebene dahinjagen. Alle in Ledermänteln oder in Kamelhaar und Wolle á la Fridtjof Nansen**, und alle gesund und munter und übermütig, als ob sie jemand auf des Teufels Schippe serviert hätte.

Das ist ein derart lebendiges und bewegliches Bild, dass der Fremde neugierig schaut, ob der wehmütige Dichter Welhaven nicht urplötzlich vom Sessel seines Denkmals aufspringt und mit den Bällen aus Schnee,

* Der Lyriker und Literaturkritiker Johan Sebastian Welhaven (1807–1873) ist ein Begründer der neueren norwegischen Literatur.

** Der vielseitige norwegische Zoologe und Polarforscher Nansen (1861–1930) machte durch seinen populären Expeditionsbericht *Auf Schneeschuhen durch Grönland* (1891) Skier und Skisport in Europa bekannt.

die sich in seinem Schoß angesammelt haben, in die Kinderschar stürmt.

*

Aber für all das ist noch nicht die Zeit. In dem Wäldchen oben beim Königspalast, in ganz Oslo und auf allen Inseln des Oslofjords steht jetzt der Herbst in voller Pracht. Dicht fällt das Laub. Unaufhörlich schlängeln sich bunte Spiralen des erkrankten Grüns herab, die Tage und Nächte kleiden sich nun in gelbe Blätter. Wenn es in Shakespeares *Richard III.* heißt: *When great leaves fall, then winter is at hand*, dann ist es hier haargenau so. Große Blätter fallen, die kleinen sind längst von den Bäumen. In der Luft winken die schweren Flügel von Blättern, überall duftet es nach feuchten Herbsttränen.

Auch dort, wo du bist, da, wo ich herkomme, fallen die Blätter. Überall fallen jetzt die Blätter, das möchtest du doch sagen, nicht wahr? Ich weiß, ich weiß, ich höre selbst, wie von allen Seiten die Blätter fallen, und meine Seele ist überall dort, wo ich den Herbst verbracht habe. Den Frühling liebt man, der Herbst prägt sich ein. Ich weiß, ich weiß. Der Bois de Boulogne in Paris gibt noch nicht auf. Kokett trägt er ein gelbes

Jabot mit roten Manschetten und überspielt charmant, dass der Teppich zu seinen Füßen ausgeblichen ist. – Ich weiß, die riesigen Pappeln in Florenz sind noch grün. Sie halten sich an den Händen, schreiten geräuschlos und verlängern die engen, finsteren, unendlichen Alleen. Und ich weiß, dass noch ein ganzer Monat vergehen wird, bis auch Italiens grüne Riesen wie Glut und Feuersbrunst entflammen. – Ich sehe wie auf dem Reitweg, auf der Rotten Row des Londoner Hyde Parks ganze, vom Nebel zersetze Zweiglein fallen, und davon zucken die guten Pferde aus guten Häusern zusammen, und durch den trüben Mittag galoppieren die Gentlemen in weißem oder gelbem Hirschleder und in schwarzem Lack, und lächerlich ernst reiten winzige Engländer und Engländerinnen auf niedrigen Ponypferdchen, manche schon reifer, manche haben das Ende der Grundschule noch nicht erreicht. Diese ganze stolze und selbstbewusste englische Welt zu Pferde – das ist eine Symphonie. Der Dichter Byron äußerte gern: *Was ich am besten kann, ist schwimmen und reiten.** Und man sieht ganz klar, wie er mit diesem herrlichen Kopf durch die Pineta nach Ravenna reist … Heute sind von dem berühmten Pinienwald, Pineta, nur wenige Bäume geblieben, und Lord Byron kann nicht mehr reiten … Und in

* Der britische Dichter Lord Byron (1788–1824) übte nicht nur ausgiebig und zur Kompensation einer Fehlbildung am Fuß viele Sportarten aus, sondern profilierte sich auch gern damit.

Ravenna fällt großes trockenes Laub. – Ich sehe, wie die großen und mächtigen, wohlgenährten und steifen Fürsten und Markgrafen auf der Berliner Siegesallee zu sehr ins Auge stechen. Auch sonst bekommt man davon genug zu Gesicht, besonders aber wenn der weiträumige Park, der Tiergarten, verzerrt und verkleinert wird, wenn auf seinen Wegen alle Augenblicke die alten Großmütter in dunkler Uniform auftauchen, immer paarweise, wie rote Schmetterlinge, die ununterbrochen ihre zwei langen Besen kreuzen, die Wege säubern und große Haufen farblosen Streus und trockener Blattstiele hinter sich zurücklassen.

Und ich weiß, oh, bestens weiß ich, wie es bei dir ist, bei uns. Um zwei Uhr nachmittags, nicht wahr, wärmt die Sonne in Topčider*. Langsam und lange lösen sich Blatt für Blatt von der Platane, und nirgends eine Menschenseele. Ein Bild von vor dreißig Jahren: Ein gebückter Sträfling raschelt durch das trockene Laub und sammelt die heruntergefallenen Kastanien in seinen hölzernen Tornister, seine Kette rasselt. Und als er alles eingesammelt hat, richtet er sich auf, um sich auszuruhen, und er sieht dich an und du erwiderst seinen Blick. In diesem Moment kommt Wind auf und

* Der Belgrader Villenvorort Topčider (türk. *top* ›Kanone‹) entstand im 19. Jahrhundert als Parkanlage, die der serbische Fürst Miloš Obrenović dort errichten ließ, wo im Jahre 1521 die Osmanen ihre Kanonen für den Angriff auf Belgrad gegossen hatten.

du bekommst Gänsehaut. Vom ermüdeten Baum fällt alles ab, was ihm zu schwer geworden ist, der Sträfling bückt sich erneut, sammelt weiter Kastanien, seine Kette rasselt.

Weiter weg, im Innern unseres Landes, hat man auch die letzte Winterrose aus dem Dorf zum Friedhof gebracht. Durch das gelbe, reife Herbstlicht gleiten Häupter vorbei, die in schwarze Tücher gebunden sind. Sie suchen nach dem Grab, an dem sie ihrer Toten gedenken. Und noch weiter weg, dort unten im Süden, vermodert blutiges Gras auf den Gräbern jener, die nicht daran schuld waren, dass sie getötet haben, und die berühmt sind, weil sie getötet wurden. Nicht nur in Norwegen ist das Leben schwer, bei uns Serben sind schwarze Kopftücher immer in Mode.

Ich weiß, ich weiß, an all diesen Orten fällt das Laub. Und alle Menschen verwelken mit der Zeit.

Hier ist es dennoch anders. Die Sonne ist sehr hell, wie das Auge eines fiebrigen Kranken, doch es erreichen uns nur so viele warme Sonnenstrahlen, wie durch den Ring meiner schmalen Hand hindurchgehen. Und trockenes Laub fliegt nicht vorbei und fällt nicht, sondern rinnt und spritzt, wirbelt umher und schüttet alles zu. Wohin du auch gehst, du watest hindurch und es fällt auf dich herab. Sobald du still bist, raschelt es in deinen Ohren, sobald du tief einatmest, beginnt die Luft danach zu duften, was du auch anfasst, ist damit überschüttet. Wo immer auch nur ein Tropfen Regen fallen kann, dort fällt auch trockenes Laub. Auf die Fjordwellen und auf die Schiffsböden, auf die Hüte der Männer und das Haar der Frauen, auf die Schultaschen der Kinder und in die Kinderwagen. Und über diese Welt fällt es wieder, rasch und dicht fällt es tags und nachts, es fällt von allein, wenn man es berührt, wenn man es anschaut ... Wenn man aus der Karl-Johann-Straße zum Schlosspark abbiegt, gibt es da immerzu und ununterbrochen Ströme, Ketten, große und kleine Bälle aus gelben Blättern, und aus diesem Trockenschauer lugen vorsichtig Menschen hervor, schütteln sich und klopfen einander ab. Und die Laubschicht wächst zusehends. Die Stämme, die Telegraphenmasten, die Beine der kleinen Norweger, die um neun Uhr zur Schule gehen, werden kürzer. Man hat einfach nur Angst vor diesem gleichgültigen, dumpfen Fallen, das mit Totenstille und damit droht, auf der Erde, in der Erde zu liegen.

Und wenn über all dem die Sonne erstrahlt, dann schmerzt es irrsinnig und die Seele im Menschen ermattet völlig. Erst dann wird sichtbar, dass dies eine lange und schmerzvolle Trennung ist, dass die Sonne und der gelbe Herbsttag einander tief in die Augen geschaut haben und allmählich auseinandergehen.

Doch es gibt in dieser Gegend noch einen Herbst. Einen Herbst in jenen majestätischen Forsten, die in den alten norwegischen Liedern *finstere Wälder* heißen. Die himmelhohen, starren und düsteren Nadelbäume sehen aus wie Riesen mit geschlossenen Augen, die da stehen und der Angst trotzen – genau wie die hölzernen Giganten, denen weder Götter noch Menschen etwas anhaben konnten, und die erst vernichtet wurden, als die ganze Welt unterging, als der *Wolf Fenrir den Rachen aufriss und mit dem Unterkiefer die Erde und mit dem Oberkiefer den Himmel berührte, und Odin und alle Sterne verschlang.* Der serbische Dichter Milan Rakić schrieb, dass für ihn die riesigen, mit Schnee bedeckten Tannen in Schweden wie *weiße Nonnen* aussehen.* Mich haben die Bäume in Norwegen an die Riesen aus dessen alter Mythologie erinnert. Noch heute ist dieses arme gestrenge Land der Lebensraum einer großen Anzahl von Riesen und Zwergen, und dazwischen ist der Lebensraum weniger Menschen.

Seltsam sind die Nadelbäume. Gott schickt Regen, doch ihre Nadeln weichen nicht auf. Gott schickt Sonne, und sie freuen sich nicht darüber. Gott schickt

* Anspielung auf Rakićs Gedicht *Večiti putnik* (Der ewige Reisende), dem ersten Brief des kleinen, in Reisebericht-Versen verfassten Zyklus *Tri pisma* (Drei Briefe), der in dessen Gedichtausgabe von 1924 enthalten ist.

Wind, aber sie wiegen sich nicht darin. Gott schickt den Bäumen Schlaf und Tod, aber sie grünen. Doch betrittst du den Wald, dann spürst du, dass der Erdboden unter deinen Schritten nachgibt und deine Füße in etwas Weiches und Modriges einsinken. Das sind Myriaden von Nadeln, die – wie Tränen eines stolzen Mannes – geräuschlos und unsichtbar herabgefallen sind. Und du siehst die kleinen Pünktchen des verhärteten Harzes, das nachts, zur Stunde schwarzer Finsternis, wenn auch der nächste Nachbar dich nicht sehen kann, aus dem Herzen geflossen ist, das sich vor Schmerz zusammengezogen hat. Und am Morgen, wenn der erwachte Fjord hundert Winde in alle Richtungen jagt, folgen die schlaftrunkenen Baumstämme in einer schwindelerregenden Linie der Strömung, ihre Kronen sind wachsame und sanfte Kompasse, die in ungeahnte Gegenden und Weiten weisen.

*

Weiten! Dieses Wort muss vor Norwegern nicht erwähnt werden. In ihrem Land ist alles weit, weil da keine Menschen sind, weil es in den Gegenden des höheren und hohen Nordens mehr als schwach besiedelt ist. Norwegen ist ein Land, in dem man sich nach einer menschlichen Gestalt und Stimme sehnt, wo ganze Gegenden Hunderte von Jahren leer stehen, denn sie können nicht genug Wärme geben, um jemandes Wiege zu sein, auch nicht genug Nahrung und Schutz, um jemandes Heimat zu werden. In wissenschaftlichen Darstellungen ist festgehalten, dass das ganze norwegische Volk, das auf 322 000 km² haust, nur zweieinhalb Millionen Menschen zählt und dass pro Quadratkilometer durchschnittlich sieben Einwohner leben. Das ist jedoch so zu verstehen, dass dort oben, hinter dem Nordfjord, sehr häufig auf zehn Quadratkilometer sieben Einwohner kommen; bedenkt man, dass diese sieben Leute zu einer Familie gehören können, bedeutet dies letztendlich, dass man durch viele Gegenden Norwegens reist und kaum auf einen Menschen trifft.

Die ganze Traurigkeit dieser Menschen, die in einem Land ohne Menschen leben, kann man erst begreifen, wenn der Einzelne davon spricht.

Wir lernten die Familie eines Kreisarztes aus der Region Telemark kennen, die im Südwesten liegt, also in einer Gegend, die verhältnismäßig am dichtesten besiedelt, am häufigsten besucht und klimatisch am günstigsten ist. Der Arzt und seine Frau waren in Trondheim, um den Sohn zu besuchen, der dort an einem Technikum studierte und dann kamen sie nach Oslo, um ihre Verwandten und Freunde zu treffen. Im Laufe des Gesprächs fragten wir den Arzt, woher er denn stamme. Er antwortete, dass er aus der Region Telemark sei, aus der Nähe des Wasserfalls Rjukanfoss: »Wissen Sie«, und er begann zu lächeln, »im Sommer kommen dort Ausländer wegen des berühmten Wasserfalls hin, sicherlich sind auch Sie dort gewesen.« Wir dachten, dass die Antwort zufällig so ausfiel, und nach einiger Zeit wiederholten wir die Frage. Der Doktor antwortete nun, er sei Arzt in der Region Bratsberg.

»Entschuldigen Sie bitte, mein Herr, uns interessiert der Ort, in dem Sie wohnen. Sind Sie aus der Stadt oder vom Lande?«

Der Arzt lächelte wieder, diesmal mehr in Richtung seiner Frau, als ob er sich mit ihr verständigen wollte, was und wie er es sagen sollte.

»Entschuldigen Sie bitte, aber ich kann Ihnen auf diese Frage nicht so antworten, wie darauf, sagen wir mal – so habe ich es gehört – in Deutschland, in England und auch, würde ich meinen, bei Ihnen in Serbien geantwortet wird. Ich muss Ihnen in den Worten meiner Sprache antworten. Auf Norwegisch sagt man: Ich wohne sechzehn Kilometer von der nächsten Menschenseele entfernt. Das ist dann sowohl der Name, der Ort, der Sinn und, wenn Sie so wollen, auch der Kummer meines Hauses.«

»Das ist sehr misslich ... und seltsam und ...«

»Oh, es gibt noch Misslicheres als das. Ich fahre manchmal einen ganzen Tag, um zu einem Patienten zu gelangen, im Norden aber, in der Finnmark, wo mein Bruder Arzt ist, sind Apotheke und Doktor gar drei Tage von einigen Menschen entfernt, die Hilfe brauchen. Und seien Sie versichert, man braucht dort viel Mut, um zu gebären und zu sterben ...«

»Sehen Sie, bei uns in Norwegen gibt es allenfalls so viele Städte bzw. Städtchen, dass sich ein etwas gescheiter Mensch in einer Stunde alle Namen einprägen könnte. Bei uns gibt es keine Dörfer. Eine einzelne Hauswirtschaft, ein Hof mit wirtschaftlich genutzten Stallungen, ist ein Hof (Gård). Und auf diesen Höfen, in diesen uralten Holzhäuschen und Hütten, weit voneinander entfernt, verstreut, einander unbekannt oder nicht zusammenkommend, leben wir unser Leben, kommen nur zweimal im Jahr in die Stadt, um einzukaufen, was wir benötigen, und die zu sehen, nach denen wir uns am meisten sehnen. Öfter geht es nicht, weil alles weit entfernt ist und weil die Winter so lang sind ...«

»Und den Winter über? Die Sommerwege sind unbenutzbar, man weiß nie, wo sie unter dem Schnee sind, ausgenommen die Hauptstraße, wo Pfeiler und Stangen herausragen ... Ja, es ist seltsam, sowohl schön als auch unheimlich, wenn der Schnee alles einebnet und man über Gruben, Schluchten und Brombeersträucher fährt und der Weg da ist, wo immer man will. Dann schnalle ich mir die Skier an und gehe damit meiner Pflicht nach. Ich eile durch Schnee und Wind und sehe die Einöde auf Erden und die Einöde am Himmel und oftmals ein prächtiges Farbenspiel in der Totenstille und plötzlich ist mir so, als hätte ich das Haus verloren, in dem ich lebe, dass ich kein Zuhause habe, und ich irre umher und suche nach Menschen, einfach nur Menschen, nicht jene, zu denen ich aufgebrochen bin ...«

»Manchmal ist der Wunsch nach Gesellschaft und Bekannten groß, aber alle sind weit weg und der Winter ist so lang ...«

»Und wenn ich um ein, zwei Uhr zurückkehre, nennen wir das nicht Mittag, denn bei uns beginnt da bis nach Weihnachten die Nacht, dann eile ich unruhig, um zu schauen, ob wir nicht eingeschneit sind, ob das Feuer nicht erloschen ist, um zu fragen und hören, ob nicht vielleicht doch jemand am Haus vorbeigekommen ist, in Windeseile spur- und lautlos vorbeiglitt ...«

»Und meine Kinder halten durch die Fenster und von der Veranda Ausschau und wenn sie von Weitem einen Wanderer im Schnee erblicken, ziehen sie etwas über und gehen hinaus, um auf mich zu warten, denn sie wissen mit Sicherheit, dass ich es bin, denn ein anderer kommt und kam nicht vorbei, weder an diesem Tag noch an den vorangegangenen Tagen. Und wenn einer vorbeikam, wer weiß schon, wer es war und wohin er eilte. Wir kennen ihn nicht und wir hören ihn nicht. Auf diesen langen, glatten Holzbrettern, die unser hauptsächliches Mittel sind, den Weg zu verkürzen und nicht zu erfrieren und mit eiligem Gleiten über den weichen Schnee zu fliegen, der uns sonst vielleicht verschlucken würde – darauf fährt man geräuschlos, leise, fast ängstlich behutsam, dass einen die launischen Götter des Winters und des Raureifs nicht spüren und man nicht von ihrem schrecklichen Fluch getroffen wird, tief in die Erde zu fallen, auf dass *aus der Brust ein Baum herauswachse** ...«

»Natürlich passiert es mitunter, dass der Schnee unter einem zu schaukeln beginnt. Dann stemmen wir uns mit langen Stöcken dagegen, schwingen uns empor, machen uns leichter und schauen zu, dass wir

* Bekannter ist dieses Bild von Isai (›Geschenk Gottes‹) als Wurzel Jesse und Stammbaum Jesu.

uns durch Schnelligkeit und Flinkheit retten; genau wie unsere Rentiere, die mit flinken und geschickten Sprüngen von Stein zu Stein breite und auch tiefe Wasser überqueren. Der Frau und den Kindern erzählen wir jedoch nichts davon, damit sie sich nicht ängstigen, dass uns das nochmals passieren könnte. Das kann durchaus sein, denn der Winter ist so lang ...«

Denn der Winter ist so lang – das ist der ständige Refrain im Reden dieser Leute, das resignierte Wehklagen in einem Land, in dem der Weg von Mensch zu Mensch öde und weit ist.

*

Einmal fuhren wir durch eine herrliche Gegend, die zwischen dem Sognefjord und dem Jotunheimen liegt. Das, was wir sahen, war eine große, üppig blühende Weide, zerfurcht von romantischen Seen und Wäldern, noch grüner als sonst irgendwo auf der Erde, wo alles Bunte noch bunter ist. Wir freuten uns, als wir Viehherden erspähten: Schafe, Ziegen, Kühe und Pferde. Wir schauten uns um nach Bauern, Schafshirten und Höfen. Nirgends eine Menschenseele. Keine Spur von einer menschlichen Behausung. Es duftet das Gras, es duftet die Luft, das Wasser duftet. Die deutlichen

Geräusche des Rupfens und Kauens überlagern sich, die kleinen und großen Schnauzen bewegen sich auf und ab, gleichgültige Augen verfolgen uns Menschen, die friedlichen Tiere gehen einem aus dem Weg. Dieser Ort hatte etwas Paradiesisches und Unschuldiges. Und der Betrachter fühlt sich unwürdig und schuldig, wie er sich immer angesichts der Erhabenheit der Natur und der Kunst fühlt. Vor der Kathedrale, vor dem Wald, unter dem Mont Blanc, vor einem Virtuosen, vor einem Gelehrten – man senkt den Blick, versinkt sozusagen beinahe in die Erde.

Schön ist es hier, doch menschenleer. Nicht einmal Wege gibt es. Niemand kommt hier vorbei und hindurch gelangt man auch nirgendwohin. Wenn der Frühling kommt, treiben die Menschen ihr Vieh hierher, besser gesagt, sie befördern es per Schiff von See zu See, damit es den Sommer über auf den Weiden gemästet wird, die Menschen aber kehren in ihre Häuser zurück und kommen nur ab und zu vorbei, um nachzusehen, ob alles friedlich zugeht und um etwas Milch mit nach Hause zu nehmen. Niemand entschließt sich, zumindest den Sommer über ständig hier zu leben. Einsam und weit weg von allem ist es hier. Das schaut seltsam und wie nirgendwo auf der Welt aus. Vielleicht macht das Vieh die ganze Habe eines Menschen aus, ohne Wächter und Herren! Doch das norwegische Volk ist arm, und zwar angefangen vom König, für den das Storting, das norwegische Parlament, Jahr für Jahr die Zivilliste entsprechend der wirtschaftlichen Lage festlegt. Wegen Armut stiehlt man hier nicht. Und dass sich das Vieh verirrt oder verloren geht, kommt auch nicht vor. Vor einem das Wasser, etwas weiter das abgründige Meer und im Rücken das schreckliche, mit Gletschern bedeckte Jotunheimen mit seinen Steinlawinen und tosenden Wasserfällen. Schließlich haben selbst Tiere Angst vor dem Winter und sie wissen, dass es nicht mehr lange dauert und dann kann man ohne den Herrn nirgendwo mehr hin, auf den blühenden Wiesen herrschen dann nur noch Frost und Tod, allein im Stall, im Schutz des Bauernhofes, können sie die Zeit der Kälte und des Hungers überleben, denn der Winter ist lang …

»Oh, bei Ihnen ist es unglaublich schön!«

»Ja, nur ist die schöne Zeit zu kurz.«

»Sie haben einzigartige Blumen!«

»Ja, aber nur für kurze Zeit. Bei uns ist der Winter sehr lang.«

Und alles in diesem Ton. Überall spürt man, dass zwischen zwei Freuden die Trauer hockt. Viele Volkslieder fangen mit folgenden Worten an: die Sonne sinkt nieder und die Schatten neigen sich. Es gibt viele Melodien voller Traurigkeit, Angst, Finsternis. In jeder Landschaft lauern Sturmwinde und Lawinen. Und in jedem Akkord vernimmt man das Tropfen des dunklen, kalten Wassers der tiefen Seen, die vielleicht niemals von der Sonne beschienen werden. Nirgendwo fühlt man so wie in der norwegischen Natur, dass allein in der Kälte die Ewigkeit liegt.

Isidora Sekulić um 1913 in den Bergen
(Nachlass in der Universitätsbibliothek
Svetozar Marković *in Belgrad)*

Ende Oktober [1913]

In der norwegischen Natur ist ein Reisender immer wieder starken und unzähligen Eindrücken ausgesetzt. Die Eindrücke sind derart neu, dass es viel leichter ist, sie in Gefühlen aufzulösen als im Gedächtnis zu formulieren und zu sortieren. Diese Eindrücke werden unter anderem durch dicht bewaldete Gegenden hier und da im ganzen Land und insbesondere im Norden hervorgerufen, um die Städtchen Namsos und Bodø herum, wo es aus allen Richtungen etwas bedrückend nach frisch gefällten, noch halblebendigen Tannen duftet. (Sobald ich diesen Geruch wahrnehme, erinnere ich mich an unser Gorski Kotar* – einen ganzen Sommer bin ich nicht aus dem Wald herausgekommen. Die Schnupftücher in der Tasche dufteten nach Tannenholz!) Für seine einzigartigen Berglandschaften ist in dieser nördlichen Gegend insbesondere der Ranfjord bekannt. Hier wird das Material für die Häuser und Schiffe des gesamten norwegischen Nordens abgeholzt; doch die Wälder stehen wie ein ewiges nichtversiegendes Gut – gewaltig, kompakt, reich, jung und grün.

* Bergland im Nordwesten Kroatiens, das im Westen an das kroatische Küstengebiet grenzt und auch ›Kroatische Schweiz‹ genannt wird.

Am Ranfjord spürt man schon ganz deutlich den Norden. Das Klima ist scharf, die Kälte wirkt mit außergewöhnlicher Frische auf Nerven und Herz ein, die Tannen duften und durch die Luft stehlen sich jene hinterlistigen Brisen, auf deren Flügeln der Frost kommt und die nicht blasen, sondern vereisen.

Ende Oktober lag überall schon tiefer Schnee, der hier nicht mal an Ostern zu verschwinden gedenkt. Wenn es bergauf geht, setzen wir uns auf den Schlitten, in der Ebene oder bergab laufen wir Ski, natürlich jeder wie er kann. Die Schellen am Pferd klingen so melancholisch mild, als ob auch die Schwengel mit Schnee bedeckt wären, und unsere leisen Stimmchen sind kaum zu hören. So oder zumindest so ähnlich ist es auch bei uns, wenn der Schnee dick liegt. Hier kommen noch eine tiefe Stille und Einsamkeit hinzu. Und zwar jene feierliche Stille und Einsamkeit, nach denen es den Norden verlangt.

Selten trifft man in norwegischen Gegenden auf eine Öde, die einen völlig abstumpft und erschlägt. Der Himmel im Norden schläft nie und lässt auch die Erde nicht einschlummern und absterben. Man muss sich über den Unterschied zwischen dem englischen und dem norwegischen Norden im Klaren sein. In England gibt es sehr wenige sonnige Tage (in einem Jahr habe ich alles in allem 37 gezählt*), und diese englischen Tage ohne Sonne sind absolut grau, die langweiligste, fast schon böse Negation jeglicher Farben, die quälender als Dunkelheit ist. In Norwegen dagegen gibt es viele sonnige Tage, die Winter sind ungewöhnlich lang, die Tage kurz, die Sonne nur wenig zu sehen. Doch ist Folgendes nun sehr spezifisch: Am norwegischen Himmel sind fast immer irgendwelche Spuren der Sonne oder des Mondes, irgendwelche unbegreiflichen Licht- und Farbmysterien wahrzunehmen. Immer brennt, glimmt, entflammt, erlischt etwas. Die Wolken sind durchsichtig und hinter ihnen lassen sich die Phantasien des Nordhimmels erkennen. Schließlich zeigt sich die norwegische Sonne, vermutlich weil sie so schnell wieder untergeht, immer in Pomp, mit einer Krone auf dem Haupt und Paradiesvögeln voran. Goldene und purpurne Vorhänge verbergen das Erlöschen des Tages.

Wir brachen gegen neun Uhr vormittags auf, als die dunkle Nacht gerade zur Neige ging. Es dämmerte, aber man sah deutlich, dass es noch nicht die Dämmerung des Morgens war, obwohl auch jetzt, wie immer in diesem Land, die Farben mehr oder weniger lebendig waren. Um uns herum färbte sich der Schnee in tiefes Blau, wie es die norwegischen Felder mit kernigem,

* Isidora Sekulić bereiste wiederholt England. 1926 arbeitete sie in der Londoner Botschaft des Königreichs der Serben, Kroaten und Slowenen.

üppigem Wirsing, aber auch die französischen Gemüsegärten mit Wirsing, Weißkohl und Blumenkohl annehmen. Etwas weiter weg begann sich in der Luft ein leichter, wie gefärbter Nebel aufzulösen, und darunter der Schnee war wieder blau. Die Bergspitzen erschienen gelb, doch nicht goldgelb, sie schimmerten nicht.

Um die zehnte Stunde fing die Luft plötzlich zu flimmern an und das Bild änderte sich. Mit eigenen Augen sahen wir den Moment, als aus gestern heute wurde. In den Kelch des Lebens strömte die Morgenröte und wie die schöne Königin Erigone* begoss sich die ganze Natur mit starkem Wein. Wir waren gerade am Übergang zwischen Hochebene und Wald angekommen. Hinter uns der helle Berg und vor uns ein mächtiger Tannenwald im Schnee und unter Schnee. Am Himmel erhellten sich Wolkenstreifen, aufgereiht

* Hier scheinen zwei Gestalten der griechischen Mythologie zu verschmelzen: zum einen Erigone, Tochter des Ikarios, die zusammen mit ihrem Vater nach Attika, das für seine besonderen Lichtverhältnisse bekannt ist, geht, wo ihnen Dionysos den Weinbau lehrt, und die sich erhängt, als sie den Vater von Bauern, die erstmals von Wein berauscht und sich vergiftet glaubten, ermordet findet; darauf wurde sie von den Göttern als Sternzeichen der Jungfrau an den Himmel versetzt; zum anderen Erigone, Tochter des Königs Ägisthos von Klytämnestra, die, um nicht von dem Halbbruder Orestes ermordet zu werden, von Artemis nach Attika gebracht und dort zur Priesterin geweiht wurde.

und spitz wie Engelsflügel auf französischen Gemälden des 16. Jahrhunderts. Der Schnee beginnt zu verblassen. Unsere Sinne werden vom Weiß und dem Duft von Tannen und Frost übermannt. Auf einem schneebedeckten gewundenen Zweig schläft oder schlummert ein Auerhuhn. Die Auerhühner des Nordens sind ungeheuer groß und träge. Sie fliegen schlecht, rennen gut und verstecken sich augenblicklich in einem von hunderten von Löchern in den Baumstämmen im Boden. Die Farben des Auerhahns sind elegant: gräulich mit dunklen Sprenkeln, der Schnabel ganz schwarz, wie Perlmutt leuchtend, schillernd und glänzend. Man sagt, er bezaubert das Weibchen mit dem Schnabel.

Plötzlich kreischendes Geschrei, fast Geplapper – ein ganzer Schwarm von Auerhühnern fliegt vor uns auf und tief in den Wald. Morgendämmerung: Dieses Geschrei nimmt wohl den Platz ein, den das Krähen unserer Hähne hat, nur dass die Morgendämmerung bei uns früher anbricht. Auf dem Berg und im Tal funkelt der Schnee, im Wald wird es nun sehr licht. Wir treten zwischen die Bäume und fühlen sofort die Melancholie des Waldes, in dem kleine Zweige erzittern, aber kein Blatt raschelt. Uns friert, der Wald ist eiskalt. Es wird lichter. Die Gebirge blähen sich auf, die Ebenen recken sich, und über unseren Köpfen streift der Raureif durch die rötliche Luft. Unsere Herzen weiten sich, der Wald tritt in sie hinein. Auch unsere Wälder, beispielsweise im Rumanija-Gebirge in Bosnien, berühren direkt das Herz ... Um uns herum wird es immer lichter.

Es fallen leichte Nebeltropfen, vermischt mit Sonne und dem Geruch des Winters. Und der Wald, friert auch er? Er schweigt, bewegt sich nicht. Er trägt seine Last Schnee, wacht er oder schlummert er? Die gigantischen Bäume stehen da wie gezähmte Berggeister. Die kräftigen und riesigen Äste voller Zweige, so mächtig in Erscheinung und mächtig im Raum, sind jetzt umgeknickt und gebeugt, zur Erde gewandt und steif unter dem schweren Schneegewand; entweder schlafen sie oder sie haben keine Kraft, sich zu rütteln und abzuschütteln. Von den abgestorbenen Ästlein hängen schon längliche eisige Triebe – die lebenden Ästlein widersetzen sich noch. Und zwischen den Stämmen verbanden gewaltige Schneewehen den ganzen Wald mit einem weißen Brustschild. Die Bäume schlafen. Aber es ist kein Schlaf, der Todesstarre bedeutet. Der herrliche Baum, der sich zum Schutz vor dem Winter mit Winter behangen hat, ist nicht tot. Das sind nur weiße winterliche Federbüsche über sommerlichem Grün, es ist auch jetzt noch da. Lang und begierig atmet der Baum des Nordens den Geruch von Schnee ein und berauscht sich.

Auf einer Anhöhe zum Wald hin steht ein Schafspferch und ein kaum sichtbarer Schornstein raucht. Drei, vier bescheidene Holzhütten, rot angestrichen. Das sind Stallungen und Schuppen. Auf ihren Dächern liegt eine meterdicke Schneeschicht und die roten Wände sind mit gefrorenen weißen Flecken besprenkelt, die das letzte Schneetreiben darauf geschmettert hat. Um diese rotgestrichenen Stallungen herum rötete sich alles, was weiß war. Etwas abwärts, am gefrorenen See, dessen Eis die Bauern tagtäglich brechen, schillerte ein Dunkelgrün, das man gewöhnlich auf dem ruhigen, von Kieselsteinen bedeckten Grund der Bergseen sieht. Auf dem Dach des zweistöckigen Häuschens des Hausherrn hat der Schnee noch ein weißes Stockwerk aufgeschichtet. Die Haustür ist im tiefen Graben, der durch den weggeschaufelten Schnee entstanden ist, kaum sichtbar, und das erste Stockwerk ist bis zur Hälfte der winzigen Fenster in die flockigen Schneeberge versunken. Auch das zweite Stockwerk ist ganz getüpfelt, da der Schnee an jede Schindel und Planke und in jeden Winkel weiße Sprengsel des Winters geweht hat.

Und dann kam es uns vor, als hörten wir von weit

her Schlittenglöckchen erklingen. Monoton, aber fein und fröhlich, als sei das Pferd verspielt. Binnen kurzem kam ganz zerzaust und erhitzt ein stämmiges Islandpferdchen – das selbst mitten im Winter schwitzt – angetrabt, wobei es frische Spuren auf der flauschigen Oberfläche des unberührten Schnees hinterließ und einen leichten Jägerschlitten hinter sich her zog, der mühelos über den weichsten Schnee glitt. Sie hielten an. Ein hochaufgeschossener, hünenhafter Jäger sprang aus einem üppigen Bärenfell heraus und, als hätte er das Pferd völlig vergessen, half er hingebungsvoll dem stattlichen, jedoch alten und kraftlosen Windhund, sich aus dem warmen Pelz zu winden. Das Pferd jedoch schnaubte, bedeckte mit dem langen und buschigen Schweif die Hinterbeine, in die wohl die Kälte gefahren war, kaute unruhig auf der eiskalten Gebissstange herum und schüttelte gereizt die Haut, auf der sich dunkle Schweißflecken abzeichneten. Schließlich drehte das Tier den Kopf und suchte seinen Herrn; der Jäger begriff, setzte augenblicklich den Hund im Schnee ab, zog von irgendwoher eine dicke Wolldecke heraus und warf sie über den Rücken des Pferdes, während er es inbrünstig am Hals klopfte. Danach begab er sich schnellen Schrittes in das Bauernhaus. Inzwischen betrachteten wir den ungewöhnlichen Hund.

Ein alter kraftloser, halbtoter Jägerhund. Nicht mehr als ein über ein Skelett gestülptes Fell. Ein trauriger Anblick. Sein Alter wirkte wie die Ruine von etwas Schönem, Stolzem und Mutigem. Sein schlanker Körper war jetzt dürr, die Oberschenkel waren ganz verschwunden und die Lunge vertrocknet, sodass der Brustkorb aussah, als wäre er eine Verlängerung des Halses. Und sein Fell, das herrliche, lange und weiche Fell eines Windhundes, das wie fein geklöppelte Spitze im Wind flattert, wenn der Hund der Beute hinterherjagt oder herumtollt, ist ganz kaputt – verfitzt, versteift und schmutzig-grau geworden. Seine einst wie Stahlfedern gespannten Beine waren krumm und die grazilen Gelenke mit hässlichen aufgeblähten Beulen übersät. Der Kopf war zur Erde geneigt, die Schnauze erhob sich nur selten: Die Nase witterte wohl etwas Angenehmes, sie versuchte zu schnüffeln.

»Was hat der Jäger bloß mit diesem armen halbtoten Windhund vor?«, fragten wir unseren Führer.

»Ich bin mir nicht ganz sicher, was er im Sinne hat, aber ich habe so meine Vermutung, wieso der arme Rex ausgerechnet heute bei diesem Schnee im Wald ist. Ich kenne diesen Herrn und auch seinen einst in der ganzen Gegend berühmten Hund sehr gut.«

Inzwischen kam der Bauer heraus, um das Pferd

auszuspannen und dann auch der Jäger mit geschultertem Gewehr, jedoch ohne Tasche. Schweigend begrüßte er unseren Führer, hielt Rex mit der Hand am Hals und begab sich so langsam tiefer in den Wald. Wir folgten mit gebührendem Abstand.

Auf einer Lichtung schreckten von irgendwoher zwei Schneehühner auf und entschwanden im geschickten Tiefflug in einem Gestrüpp von Ästen und Schnee. Nach etwa einer halben Stunde Fußmarsch, schon ziemlich tief im Wald, flog plötzlich aus einer tiefen Mulde unter einer Tanne ein riesiger weißer Vogel auf, verirrt und verschreckt, unverkennbar aus der Familie der Eulen. Als er den herrlichen Fächer seiner Flügel gänzlich ausgebreitet hatte, rieselte aus seinem Gefieder ein wahres Schneegestöber herunter. Es war ein einmaliges Detail aus der weißen Phantasie der friedlichen nördlichen Wälder.

»Ah, ein Hubro*! Schauen Sie sich diesen Vogel gut an, tagsüber ist er selten zu sehen«, flüsterte unser Führer, »das ist wahrlich ein ungewöhnliches Wild, doch man sagt, es bedeute nichts Gutes, wenn es erscheint. Schaut nur, schaut, der Vogel ist entweder verletzt oder schon sehr alt. Genauso alt wie Rex. Dreht seine Kreise über unseren Köpfen und sinkt immer tiefer. Das nennt man bei uns *den Todes-*

* Norw. ›Uhu‹.

flug eines Vogels über dem Ort, wo sich die Erde auftut, um ihn aufzunehmen.« Überall und in allem herrscht eine gewisse Verwandtschaft unter den Menschen. In der Geschichte Bosniens steht geschrieben, dass die Türken* die Beisetzung von Christen auf ihrem Territorium erlaubten, wenn sie gerade dort verstarben: *Dort, wo sich die Erde unter einem öffnet, soll man auch begraben liegen.*

Und gerade in diesem Augenblick kreischte über uns ein unbehaglicher zittriger Ruf, wie zur Bestätigung der Worte des Bauern.

Rex sprang zur Seite, reckte den Kopf nach oben und schaute unruhig zwischen Herrchen und Vogel hin und her, blieb aber stehen und atmete schwer, als ob ihn jeder Atemzug durchbohrte. Der ebenfalls überraschte Jäger legte das Gewehr an, der Schuss knallte und hallte wider. Der riesige Vogel stürzte kopfüber herab. Von seinen Flügeln rieselte weiterhin Schnee. Rex jaulte auf und wetzte hin, aber als er den toten Vogel schnappte, gellte ein zweiter Schuss durch den Wald, ein leises Seufzen erklang aus dem Haufen auf dem Schnee, als ob das Herz des Tieres sein letztes Wort aushauchte. Dann floh der Jäger blindlings und ließ Rex und das seltene Wild zurück. Er floh vor dem Geschehen, den Bildern, den Erinnerungen.

* Bezeichnung für slawische Bosniaken islamischen Glaubens.

Für eine kurze Weile herrschte eine ganz ungewöhnliche Stille. Vielleicht ist das immer so nach einem Mord und Blutvergießen.

»Nun verstehen Sie, warum der Jäger seinen Hund hergeführt hat. Rex starb so, wie er gelebt hat: im Rauch des Schießpulvers, auf dem noch warmen Kadaver der Beute, mit einer blutverschmierten Schnauze. Armer Rex! ... Doch bei Gott, den Hubro werde ich auf jeden Fall mitnehmen. Mindestens ein Kopfkissen wird das Gefieder hergeben. Und die Flügel werde ich in der Stadt für wenigstens zwanzig Kronen das Stück verkaufen.«

Erst gegen Mittag hellte sich der Himmel gänzlich auf. Auf der einen Seite zwischen zwei safrangelben Wolken stand die Sonne tief am Horizont: rau und gelbrot wie eine Orange auf Cezannes Gemälden. Und auf der anderen Seite stieg zwischen Schneehügeln bereits der Vorbote der bald wieder hereinbrechenden Nacht auf: der Mond – mächtig, blass und hart wie eine Marmorplatte. Einen solchen Mond zu malen ist keinem Maler je gelungen, so hat ihn kein einziges japanisches Gedicht beschrieben. Ernüchtert wäre auch jener japanische Dichter, der besang, wie er und sein Schatten sich tummelten, während der Mond süß lächelte.

*

Für den folgenden Tag hatten wir, das heißt, unsere Reiseführer hatten für uns eine Skipartie in einem anderen Wald des Ranfjords bestellt. Es war eine größere Gesellschaft und wir werden die Schlittenfahrt nie vergessen, weder das Bild noch das Vergnügen, als wir auf fünf Schlitten und mit fünf kräftigen Pferden mal bergauf, mal bergab flogen, mal nebeneinander, mal hintereinander, mal gemächlich und mit unterbrochenem Geläut, damit wir uns an der Schönheit satt sehen konnten, mal in wahnsinnigem Tempo und mit schrillenden Schellen, damit wir den Sport voll auskosten konnten. Reiten, Rodeln, Schlittenfahren – das sind allesamt Sportarten, die wie Wein beschwingen. (Die Fußballer mögen entschuldigen.) Man fliegt in den Raum hinein, wie ein abgeschossener Pfeil. Hier war der Raum unendlich und der Schnee unermesslich, und alles, was den Lauf irgendwie hätte bremsen können, lag tief unter dem Schlitten und den Pferdehufen mit Schnee bedeckt.

Wir fuhren, flogen vorbei an einigen Setern*, an Häuschen, an sympathischen menschlichen Wachen an der Grenze zwischen Gotteskräften und Trollkräften, und stumm und mit Sympathie begrüßten wir in

* Norwegische Almen.

Gedanken die Berg- und Waldbewohner. Weit entfernt von den Mauern der Konventionen und dem Kultursystem wohnen sie fürwahr in direkter Beziehung zur Quelle des Lebens, den Winter über verschüttet unter Schnee, der ihnen durch die Fenster ins Haus späht, und sommers mit bloßem Kopf auf der nackten Erdscholle liegend.

Nachdem wir angekommen waren, teilten wir uns auf. Die geübten Sportler gingen mit ihren Segelschlitten zur Fjellebene – in der Hoffnung auf guten Wind und in Vorfreude darauf, zu fliegen, ohne jegliches Anzeichen dafür, dass der Raum auf Erden für den Menschen begrenzt ist.

Uns drei Ausländerinnen führte der Bauer in einen unbeschreiblich schönen und leisen Teil eines mit Schnee beladenen und mit Schnee besprühten Waldes und zeigte uns andere Bahnen und Pässe, wo man ohne Gefahr und so viel man wollte hinabfahren konnte. Flink grub er ein Loch in den Schnee, holte genug Zweige und machte Feuer, damit wir etwas zum Aufwärmen der Hände hatten, und dann zog er mit jenen los, die etwas mehr vom Sport der Norweger im Schnee verlangten.

Wir drei haben uns von Anfang an angenehm und lebendig unterhalten. Aber nach und nach kam die

Stille und Einsamkeit des großen Waldes über uns und es begann ein süßes Schweigen. Ein seltsamer Zauber ist es, Bewegung und Klang in Stille zu tauchen. Nüchterne Gedanken sinken irgendwo auf den Grund des Menschen, und der Kopf schwebt in lauter Visionen. Dieser Wald, das sind begrabene Riesen, die losziehen wollen, und schau: würden sie ihre Beine plötzlich aus der Erde hinausreißen, würden ihre gewaltigen Leiber zu schwanken und der schwarze Wald mit weißer Krone auf dem Haupt zu wandern beginnen, dann heben die Riesen an zu sprechen … Stille. Nichts rührt sich. Ein langer Pfad, eigentlich ein Weg, und auf dem Weiß nur die Spur unserer langen Holzschuhe. Wir fühlen uns merkwürdig und können es nicht begreifen. Uns ist zum Lachen zumute und wir lachen. Lachen ist ein Ausdruck der Zufriedenheit, aber wenn man aufmerksam schaut, erkennt man, dass nur Kindern ein zufriedenes Lachen zu Gesicht steht … Unsere Skier fahren praktisch von allein, da wir so schlechte Skifahrer sind, selbst wenn man daheim sehr gut über das Eis kreiste. Das Skifahren ist etwas anderes, das heißt, das Skifahren in den Bergen, durch großen Raum hindurch. Dieser Sport, diese seltsame einvernehmliche Berührung von Schnee und Holzbrettern, der kein ›Sport‹, sondern vielmehr ein Reisen sein, eine Aufgabe und einen Zweck erfüllen und den Menschen nicht dann befördern möchte, wenn diesem nach Lachen und Spaßen, nach Vergnügen und Wettkampf zumute ist, sondern wenn es ihm vielmehr um Zusammenarbeit, um den Kampf gegen die Elemente (den Wind, die Luft, den Winterboden) geht – dieser Sport verlangt unvermeidlich nach tiefer Stille, verlangt die Einsamkeit weiter Reisen. Die Stille ist eine große Sache. In der Stille ereignet sich alles Wichtige: der Wille zu arbeiten, der Wille zu denken, der Wille zu leben, der Wille zu sterben. Plötzlich ertönte, durch die vollkomme Stille, in der man nicht lachen sollte, hindurch, wie aus weiter Ferne ein in die Länge gezogenes Brüllen mit seltsamen kreischenden Spiralen auf der Höhe des Tons.

Augenblicklich schütteten wir das Feuer zu und krochen hinter dicht gestapelte Äste, hinter ein Brustschild aus Schnee. Wir zitterten wie Espenlaub. Was war das nun wieder für ein Sport, worin wir ebenfalls weder Geschick noch Praxis hatten? Als das Brüllen erneut und stärker die Luft erschütterte und auch ein seltsames Getrampel zu hören war, als ob etwas auf weichem Wege dahinjagen würde, aber besonders kräftig und laut mit den Beinen auftrat, gaben wir uns schon ganz dem blutigen Gedanken an einen schrecklichen Tod hin. Dennoch ließ allmählich eine schwache Hoffnung die Frage durch den Kopf kreisen: ein Bär? Bären halten Winterschlaf. Ein Pferd? Pferde brüllen nicht. Das sind Wölfe, wehe uns!

Dann war in dieser Stille bereits das Geräusch aus den Nüstern zu hören und jenes seltsame schrille Pfeifen, das in der Luft hängenbleibt, wenn ein riesiger Körper plötzlich hindurchstürmt, was man hört, wenn ein Wettkampf-Läufer die Bahn entlangsprintet. Schließlich sprangen – wie eine Erscheinung von Schönheit und Kraft, wie die Harmonie lebendiger Bewegungen – mit einem großen Satz drei Elche hervor, drei gewaltige Tiere aus der Familie der Hirsche, stark und stolz, mit mächtigen wie Palmenblätter aufgefächerten Geweihen auf dem kräftigen Kopf, sprangen hervor wie drei autokratische Zaren der dichten Wälder des Nordens. Weil das Land so leer ist, sind die Tiere in Norwegen freier und in der Natur mehr ›zu Hause‹ als der Mensch. Ganz klar zeigen sie dem Menschen, dass es so ist: Sie fliehen nicht, sondern stürmen und fliegen sicher und stolz, wie bei einer Parade, vorbei. Wovor oder vor wem sollte sich dieser Elch auch fürchten? Vor einem Jäger? Wenn es sein muss, tötet dieses edle Tier jenen, der es auf die Stufe des Rentiers erniedrigt, der es einspannen will. Sprach zu uns ein Bauer mit Worten der Bibel: *Der Elch wird den Menschen vertilgen von der Erde*, als sei er nur eine Flickenpuppe.

Die schrecklich großen, galoppierenden Elche bäumten sich einer über dem anderen auf, als ob der eine den anderen tragen würde. Die schlanken Beine waren wie geflügelt, mit ihrem gezackten Geweih zerschneiden sie Winde und Zweige, an ihren Nüstern erkennt man ihre Lunge – was muss das für eine Lunge sein! –, an der Schnauze wird sicher der Atem gefrieren, dennoch bildet sich kein Schaum an den Lippen; Schaum ist ein Zeichen von Erschöpfung. Woher sollte die Erschöpfung kommen, da sie nicht fliehen, sondern herumziehen. Gute Reise! Schau, an ihren Körpern sprengte in voller Länge und Breite weißer Hagel und Schneegestöber auf. Sie brachen auf, zogen los. Das Umherziehen ist eine Wonne für den Menschen, und erst für den Elch! Der Reisende teilt den Raum wie ein Fisch das Wasser, aber nur wenn er mit der Kraft von Körper und Willen die Luft durchschneidet und mit eigenen Augen in die Ferne schaut. Das Flugzeug fliegt, der Mensch darin ist nur Gepäck. Wann wird der Mensch sich Flügel an seine Schultern heften?

Noch lange, nachdem die Elche bereits verschwunden waren, vibrierte regelrecht der riesige Raum. Unsere sehnsüchtig-neidischen Blicke kreuzten sich im Raum. Der Mensch bleibt dennoch ein fester Kerker, aus dem das Herz und das Verlangen nicht ausbrechen können. Wo sind die Elche jetzt? Wie weit von uns entfernt? Hier setzte erneut, ja fiel die Stille unzähliger Jahrhunderte ein und was blieb, war ein Raum unermesslicher Weite. Im Schnee zeigte sich für eine Weile eine Veränderung: geschlängelte Spuren von Beinen, die angestürmt kamen und weggestürmt sind.

Sehnsüchtig warteten wir auf die Rückkehr der Gesellschaft, um in Erfahrung zu bringen, ob die anderen auch etwas gesehen haben, um zu fragen, ob sie vielleicht die Tiere in Angst versetzt und uns so eine Versuchung des Todes auf den Hals gehetzt haben. Doch wir waren sehr erstaunt und enttäuscht, als wir unsere Gentlemen sahen und hörten, wie sie sehr lebhaft irgendein belangloses Gespräch führten und anstatt mit den Händen auf den Tisch zu schlagen, traten sie mit den Füßen gegen den Schlitten und schlugen mit den Stöcken auf den Schnee. Überhaupt eilten sie nicht zu uns, im Gegenteil, immer wieder machten sie für eine Weile halt. Es blieb uns nichts weiter übrig, als ihnen entgegenzulaufen und dann erfuhren wir sofort, worüber gesprochen wurde.

Wieder ging es um Bjørnson und Ibsen. Ein ewiges Problem, das nicht ohne Aufruhr analysiert werden kann. Bjørnson macht einen benommen, er ist ein großer Charmeur; wie alle warmherzigen Menschen erwärmt auch er einem das Herz. Jemand sagte: Man glaubt ihm, selbst wenn er Süßkirschen vom Hagedorn pflückt. Ibsen, dem finsteren Schweigenden, der einem die Seele quält, schenkt man keinen Glauben, wenn er sagt, jedermann müsse in sich die Allmacht suchen. Dabei ist das sicher eine weitaus stärkere Wahrheit als Bjørnsons Süßkirschen.

»Sie müssen nicht denken, dass ich Ibsen nur deshalb verteidige, weil ich Norweger bin. Norwegen rühmt Ibsen auch ohne meinen Beistand, denn er hat unser Land noch mehr als Bjørnson in ganz Europa bekannt gemacht. Aber hinter verschlossener Tür im eigenen Haus wird dieses Norwegen bekennen, dass es Ibsen nicht sehr mag und wird zuweilen auch zugeben, dass es Gefallen daran findet, Ibsen nicht zu mögen. Überall werden Sie hören, dass Bjørnson, der schöne, stolze, fröhliche Bjørnson der ›König‹ war. Wie ein König ging er, wie ein König lebte er, wie ein König trat er auf. Ja, er war ein König, ein sonniger Teil der norwegischen Natur, von der wir leben. Stark, stürmisch, frei und stolz wie unsere Natur. Aber er war auch ein gewöhnlicher Mensch, liebte innig nicht nur die Menschen, sondern die Straße, den Lärm, Amüsements, großzügige und kleinste Gesten darüber, dass er geliebt, sogar vergöttert wird. Ein Titan, dem auf der Stirn die Freude geschrieben stand, dass er lebt. Gleichermaßen liebte er an sich den großen Geist als auch das kleine Tier. Es schien ihm, dass Gott Gefallen daran findet, ihn so erschaffen zu haben.«

»Anders Ibsen! Nun, Sie werden oft hören, wie man bei uns sagt: ›Ach, er sah aus, wie ein kleiner Schneider mit einem großen ungewöhnlichen Kopf.‹ Und wenn Sie sich entscheiden zu protestieren: ›Na und! Auch Verdi sah so aus!‹, wird der andere dennoch nicht nachgeben. ›Hören Sie schon auf, sonderlich war er! Immer schroff und abweisend. Niemand wusste, was in diesem Menschen vorging, immer einsam, doch seine Haustür stets verschlossen … Und seine Sozialdramen! Krankheit, Neurasthenie, Leiden, Qual … Und dann seine Frauen, diese Heddas und Irenen, das sind nicht ganz typische Norwegerinnen.‹«

»Obwohl wir Ausländerinnen keine Vorstellung davon haben, was eine typische Norwegerin ist, schmeichelt uns ein wenig Ihre frühere Bemerkung: Es ist überhaupt schwer, diese Irenen und Rebekkas zu mögen und zu verstehen.«

Dann brach jemand in Lachen aus und erzählte eine Anekdote. Ein Norweger, der seinen Sohn zerzaust zum Tisch kommen sieht, ruft ärgerlich aus: Kämmt diesen Jungen, er sieht aus wie ein Ibsen!

»Ja, dieser Ibsen ist ein finsterer, schattiger Fels unserer tiefen vereinsamten Täler, unseres öden, fernen Nordens. Ibsen ist der Fels teuer, unter dem sich sein Held Brand quälte und die Frau und den einzigen Sohn beerdigte. Brand ist genauso sonderlich wie Ibsen selbst, aber ohne diese Sonderlinge gäbe es keinen moralischen Fortschritt. Es gibt keinen moralischen Fortschritt ohne Starrköpfigkeit, Beharrlichkeit, ohne asketische Züge, ohne Protest und ohne Schimpftiraden über Gott und die Menschen. Ibsen dachte nicht, es erfreue Gott, ihn erschaffen zu haben. Im Gegenteil, er spürte die Kehrseite von Gottes Ordnung: dass Gott alles Erschaffene quält und tötet. Seltsam ist dieser Wille Gottes! Der Held auf dem Schlachtfeld gilt als rational und ruhmreich. Ein Held in der Gesellschaft jedoch gilt als Narr und man muss ihn leugnen, vertreiben, steinigen. Der gesellschaftliche Kämpfer Ibsen riss sich von den dunklen Kräften und von Gott, von der Natur wie von der Gesellschaft los, nach dem Vers des englischen Dichters Swinburne: *But having made me, me he shall not slay.*«*

* Vers aus Algernon Charles Swinburne *Anactoria* (1866), dt.: ›Doch da er mich erschuf, soll er mich nicht töten.‹

»Und Ibsen ist ein Titan, aber einer, der nicht in das Tier im Menschen verliebt ist und manchmal vielleicht auch nicht in den Menschen selbst. Er war ein Satiriker, verstand es zu hetzen und zu reizen und zu hassen. Er hat auch das behauptet und gefordert: wie auf dem Schlachtfeld, so auch in der Gesellschaft, falls nötig, muss die Materie des individuellen Lebens zerstört und zerbröselt werden, damit das Werk umso reiner und besser werde. Mehr als Bjørnson war er ein Europäer jener Zeit: mit einer Seele voll Zweifel und Qualen, unzufrieden mit sich, der Nation und dem Menschen überhaupt. Im Kopf und im Herzen war er ein Märtyrer und fand weder viel Zeit noch viele Anlässe zur Freude.«

»Ich streite nicht ab, dass Ibsen ein großer Geist war. Ich bin mit den anderen nicht einverstanden, aber mit Ihnen stimme ich darin überein, dass man in seinen Dramen nicht die Fakten, sondern die Ideen betrachten muss, denn der schwierigste, blutigste Weg der Wahrheit ist eben jener, der zwischen Fakt und Idee hindurch- beziehungsweise vom Fakt zur Idee hinführt. Wenn ich jedoch den Künstler Ibsen betrachte, muss ich sagen, dass er diese seine guten Wahrheiten oft viel zu streng und mit Verbitterung illustriert. Aus gutem Willen schafft Ibsen selten eine Atmosphäre der

Leidenschaft. Selten gibt es Enthusiasmus. Gnade uns! Was steht nicht alles im *Peer Gynt*! Das jedoch kann die Welt noch ertragen, denn man sagt, *Peer Gynt* sei die reine norwegische Wahrheit und Misere, es gehe die anderen quasi nichts an. Aber was soll man, sagen wir mal, mit der *Komödie der Liebe* anfangen? Mit diesem Werk hat Ibsen Gott und die Menschen beschämt und bestraft. Der Künstler ist doch wohl nicht nur Richter und Henker? … Aber genaugenommen war Ibsen eine riesige Kraft, die der Kerker des Lebens bis zum Ende nicht verschlingen konnte. Ibsen konnte mit folgenden Worten sterben: *Of me the high God hath not all his will.*«*

»Warum betonen Sie so oft die Leser, die ›Welt‹, das Primat der Welt vor dem Künstler? Warum wird die Seele des Künstlers stets von der Welt diktiert und nicht die Welt von der Seele des Künstlers? Deshalb, weil die Welt mehr ist als bloß ein Mensch? Seien Sie sich gewiss, dass es Augenblicke gibt, in denen die ganze Welt weniger bedeutet als ein einziger Mensch, auch wenn jener Mensch Teil dieser Welt ist. Heute sind die Individuen und, wenn Sie so möchten, die Maschinen die Schöpfer. Der Dichter Shelley behaup-

* Vers aus Swinburnes *Anactoria*, dt.: ›Über mich hat der hohe Gott nicht seinen ganzen Willen.‹

** Das Diktum »Poets are the unacknowledged legislators of the world«, beschließt Percy Bysshe Shelleys Essay *A Defence of Poetry* (1821, *Verteidung der Poesie*).

tet: *Der Dichter, der Künstler, ist der nicht anerkannte Gesetzgeber der Welt.*«**

»Der größte Fehler besteht meines Erachtens darin, dass man Ibsen und Bjørnson ständig vergleicht. Sie sind so verschieden, dass ein Vergleich in ihrem Fall weder lehrreich noch interessant ist, er könnte ungerecht oder gar boshaft ausfallen. Zum Beispiel steht in einem herrlichen lyrischen Gedicht von Bjørnson, wie ein Hirtenjunge hinter einem ungewöhnlichen Ton des Waldes hinterherlief, den er sich einfach nicht einprägen und auch nicht spielen konnte, und wie er deshalb schließlich sterben wollte. So haben Bjørnson und Ibsen beide empfunden. Nur dass sich Bjørnson mit dem Ton, den er selbst auf seiner Flöte spielte, anstelle jenes wahren zufriedengab. Ibsen jedoch hat sich ernsthaft geplagt, weil sich jener wahre Ton – *und jeder andere ist ebenso wenig jener gesuchte* – nicht finden ließ. Und als Bjørnson seinem Drama *Zwischen den Schlachten* das Motto einschrieb, dass *Schweigen mehr tötet als das schärfste Wort*,* sagte er die Wahrheit, die er jedoch mit keiner Einzelheit seines Lebens bewiesen hat. Ibsen hat diese schrecklichste norwegische Wahrheit jedoch zweifach gekreuzigt. Bjørnson war

* Das Motiv, »*dass Schweigen mehr tötet als Worte*«, durchzieht einige Szenen des im 12. Jahrhundert angesiedelten Schauspiels *Mellem Slagene* (1857, dt.: *Zwischen den Schlachten*, 1876) und wird als Vers schließlich von König Sverre, der sich als der Kundschafter Eystein ausgibt, ausgesprochen.

ein heiterer Dichter, wenn ihm nach Lachen zumute war, schien ihm auch das Pferd zu lachen, auf dem er ritt. Das ist Kunst, ohne Zweifel. Ibsen war kein heiterer Dichter, vielleicht war er ein *verfluchter Dichter*: Wann immer er in der Poesie oder im Drama die Entheiligung des menschlichen Lebens darstellte, legte er sich, wie ein guter Hirte, auf einem beschmutzten Kirchenaltar nieder und starb. Auch das ist Kunst! Doch außerdem vielleicht noch etwas anderes.«

»Sie mögen Ibsen sehr, dass ist offensichtlich, und verteidigen ihn so energisch, weil ich ein entschiedener Gegner seiner Kunst bin. Sie tun mir unrecht damit, zuweilen auch ein wenig Bjørnson, und beweisen nur, was ich schon einmal früher erwähnte: dass die Beweise sehr häufig nicht ebenso kräftig wie sie wahrhaftig sind, doch wieviel Liebe bringt man für eine Sache auf, die man verteidigt. Ich stimme mit Ihnen auch überein, dass die moralischen Probleme und emotionalen Krisen Ibsens stark und verheerend sind und dass er einer der mächtigsten und sicher der kühnste satirische Dramatiker ist. Doch vom rein künstlerischen Standpunkt aus frage ich Sie, hätte das wirklich nicht anders als durch *Die Wildente, Die Frau vom Meer, Gespenster* und, wenn Sie so wollen, durch das sehr poetische *Rosmersholm** bewerkstelligt werden

 * Vier Stücke Ibsens aus den 1880er Jahren.

können? Was sind das für Verwicklungen von Willen, Schicksalen, Nerven und Launen? Was sind das für ferne Symbole und Prophezeiungen in Bild und Wort?«

»Da haben Sie recht! Im Geiste Ibsens gibt es viel Dunkelheit. Aber gibt es sie nicht in unserer Heimat zuhauf, deren *Erde einsamer ist als eine Ruine und deren Meer rätselhafter als der Tod*? Riesige dichte Wälder, Schneefelder und Steinwüsten, eisige Winde von der arktischen See, da haben Sie die Umgebung, in der mancher von uns den besten Teil seines Lebens verbringt, sogar das gesamte Leben. Und wenn man auch sagen könnte, dass in einem derartigen Umfeld, in einer Umgebung ohne Umgebung, also ohne ausreichend wirksame gesellschaftliche Gesetze, der menschliche Geist, die Triebkraft im Menschen, genügend Schwung hat, seine Kampfbereitschaft spontan zum Ausdruck zu bringen, könnte man genauso sagen, dass der menschliche Geist an einem solchen Ort keinen einzigen Impuls hat, *irgendetwas auszudrücken*. Die Menschen leben verängstigt, starren auf die gigantischen Berge und Eisfelder, die schaudererregend sind, solange sie triumphierend bestehen und auch wenn sie, bezwungen, in sich zusammenstürzen. Von Ibsen ging immer ein Impuls aus – ein norwegischer, manchmal düsterer Impuls.«

»Warten Sie ab, es geht noch weiter! Sie haben keine Ahnung, welche Leidenschaften und Sehnsüchte in einer so wunderschönen Einsamkeit wie unserer entstehen. Und wenn sie erst einmal geboren sind, dann ist man dazu verurteilt, die Qualen eines unglücklichen Liebhabers oder Fanatikers zu erdulden. Weil der Natur unsere Leidenschaften gleichgültig sind und wir Norweger lange und gern leben. Sie müssen die Menschen aus dem hohen Norden beobachten, insbesondere jene aus der Finnmark, um zu erkennen, was die langen Tage, von deren Licht kein Entkommen möglich ist, mit den Nerven, den Sinnen, der Seele und dem Geschlecht des Menschen anstellen, oder aber die langen Nächte, wenn man aufgrund der elektrischen Beleuchtung oder dem wahnsinnig schönen und schaurigen Polarlicht durchzudrehen droht! Diese Leute befinden sich ununterbrochen in einem nervlichen Alarmzustand; sie leiden, wie die Ärzte behaupten, unter einer ununterbrochenen erotischen Nervosität. Aufgrund der verdrehten Natur erleiden sie in gewissen Augenblicken Anfälle wie echte Geistes- oder Schwerkranke. Und Rebecca West,* mein

* Nach dieser Figur aus Ibsens Drama *Rosmersholm* (1886) benannte sich die als Cicily Isabel Fairfield geborene britische Schriftstellerin und Journalistin Rebecca West, als deren Hauptwerk der Reisebericht *Black Lamb and Grey Falcon* (1941, deutscher Titel: *Schwarzes Lamm und grauer Falke. Eine Reise durch Jugoslawien*) gilt.

lieber Freund, ist eine Finnin, also aus der Finnmark. Der Unbekannte aus *Frau vom Meer* ist ein Finne ...«

»Das ist noch nicht das Ende. Wissen Sie eigentlich, was ein unendlicher Tag ist? Wissen Sie, dass in dieser ›Herrlichkeit‹ auch Qual steckt? Vor Mitternacht entsteht so etwas wie eine Abendstimmung. Die Schatten werden länger, die Wolken und Bergspitzen schimmern rötlich, das Meer und die ganze Umgebung werden leicht dämmrig. Aber der zum offenen Norden gekehrte Landstrich ist erfüllt mit Lichtreflexen unterschiedlicher Farbe und Stärke, weil die Sonne dort immer noch hellwach auf ihrem Posten steht. Alles möchte endlich schläfrig werden, die Sonne aber wacht, ganz und gar sichtbar. Gott sei Dank sind um Mitternacht nur noch die höchsten Bergspitzen rosig: Der Himmel färbt sich dunkelgelb und alles dematerialisiert sich, so wie es bei Ihnen in der Abenddämmerung geschieht. Alle fühlen sich schlapp und wollen schlafen. Und kaum, dass die Muskeln und Sinne das Wohlbehagen von Dämmerung, Ruhe und Schläfrigkeit spüren – es fehlt nur noch, dass die Sonne ihr letztes Ventil zudreht und sich irgendwo im weichen Wasser zum Schlafen bettet – schnellt plötzlich der feurige Ball am Horizont hoch und die ganze Natur bricht wieder auf. Das ist, mein Freund, wie Auspeitschen! Die warme Luft kommt vom Norden her, von da, *wo sie fehl am Platze ist*, kommt also verkehrt herum an und hetzt die Wellen. Die Quellen unter dem Schnee gluckern, der Wind bläht sich auf und der müde, lichtgesättigte Mensch, den die Sonne sogar durch die geschlossenen Augenlider anstrahlt, muss sich gezwungenermaßen auch recken und strecken und seinen ermatteten Körper aufrichten. Dort im hohen Norden sehnen wir uns nach Dunkelheit. Nach dunkelster Dunkelheit! Aber nein, daraus wird nichts – vier, fünf, sechs Monate gibt es keine Dunkelheit. Nur Sonne. Die Pflanzen und Menschen reifen hier mit merkwürdiger Schnelligkeit. Auch mit einer sinnlichen Schnelligkeit, würde ich sagen. Das sogenannte Laster wuchert, die Sünden im Norden sind zahlreich … All dies, meine Damen und Herren, fand Eingang in Ibsens Kunst.«

»Das und noch etliches. Mit einem Wort: Männer und Frauen und das Meer. Und zwar nicht nur diejenigen, die an der Küste wohnen oder am Meer Urlaub machen, sondern auch diejenigen, die direkt auf dem Wasser leben, die sozusagen aus den Wellen geboren wurden. Was wissen Sie denn schon davon, was das Leben unserer Männer und Frauen vom Meer ausmacht; keinen blassen Schimmer haben Sie und doch sind Sie schnell bereit, Ibsen eine Narrenkappe aufzusetzen? Sie bekommen in Ihrem bequemen Land wohl nur selten einen Menschen zu Gesicht, dessen Seele zermartert wird? Sie haben, nehmen wir an, noch kein einziges gutes Stück über das psychische Leben einer Frau gesehen, deren Typ so wahrhaftig in Ibsens *Frau vom Meer* dargestellt ist ... Jene Frau lebte nicht in einem Küstenstädtchen, auch nicht in einer Fischerhütte oder im Hafen. Sie wurde auf einer Schäre geboren und dort verbrachte sie ihr ganzes junges Leben, auf einer winzigen Felsinsel, weit draußen ins Meer geworfen, wo tagsüber das Häuschen des Wächters weiß schimmert und in der Nacht die glühende Kohle auf dem Leuchtturm. Und an der tags und nachts die Brandung des unruhigen Meeres zerbirst und die Wellen kommen und gehen. Stets dröhnt das Lied der Flut und jagen sich die weißen Pferde mit grünen Mähnen um den Hals ... Wohin streifen die Blicke und Gedanken diese Männer und Frauen? Entweder hoch zum Himmel, zu den Wolken oder in die Luft, wo die Jahrhundertwinde heulen. Oder zum Wasser hin, wo die weit entfernten Schären wie Gorgonenköpfe anmuten, wo ununterbrochen Masten vorbeiziehen und sich im Mondlicht schwarze Fischerboote abzeichnen ...«

»Diese Frau, deren Blicke die Sterne gelesen haben und deren Gedanken mit dem wilden Wasser wetteiferten, diese Frau hat das Festland hassen und sich vor dem sehr oft stillstehenden Wasser im Fjord ekeln müssen. In ihrem Blut wallten sich Ebbe und Flut, sie war ein Sturmvogel, eine Pflanze auf der Meeresklippe. Diese Wesen sind Gespielinnen der Wellen. Bereits in der Kindheit haben sie aus den unsteten Wolken mit feuchten Umrissen Sturm und Regen vorhergesagt. Diese Leute sehen nicht, was ihr zu sehen glaubt, und hören nicht, was ihr hört. Sie lachen vergnügt, wenn der morgendliche Wind die Sturmvögel unter den Flügeln zu kitzeln beginnt und sie zum Flug anstachelt, wenn sie jedoch nicht fliegen können, nennen die Frauen vom Meer sie ›Hühner‹ und verscheuchen sie: Husch! Sie schauen zu, wie der Orkan ein Boot packt und es auf eine spitze Schäre wie auf einen Pfahl aufspießt. Ihre Augen und Seelen sind Schiffe, die reisen, ertrinken, sich retten, untergehen.«

*

Bei der Rückkehr ging die Diskussion weiter, aber wir Ausländer haben uns zunehmend zurückgezogen und nur noch ruhig zugehört. Später haben wir eher für uns im Stillen über Bjørnson und Ibsen und darüber weiter nachgedacht, dass auch bedeutende Menschen ein Schicksal haben. Manche bedeutende Menschen haben die Macht, ihre Umgebung, gar ein ganzes Volk, in die eigenen Ambitionen hineinzuziehen und, nach den Worten des deutschen Dichters Dehmel, *mit tausend Händen sich selbst wie Saat ins Weltall zu streuen, um tausendfach ihr Dasein zu erneuen.** Andere, mit vielleicht weiteren geistigen und moralischen Horizonten und mit einem großen Streben nach kaum erreichbaren Zielen, sind wiederum ganz allein dem blinden Zufall und dem unheimlichen Schicksal ausgesetzt. So wie auch die großen verbitterten skandinavischen Dichter Ibsen und Strindberg.

Der Blick auf Ibsens Grab in Oslo ist erschütternd. Er wurde abgeschieden beigesetzt auf einer Wiese am Fuße eines kleinen Hügels, inmitten des Friedhofs, jedoch weit entfernt von allen anderen Gräbern.** Auf dem hohen schwarzen Obelisken steht kein Wort, nicht mal sein Name. Am Tor des Grabzauns sieht man, wenn man genau hinschaut, die charakteristischen Initialen Ibsens: drei vertikale Eisenstäbe – das lateinische H und I für Henrik Ibsen. Und man muss ganz nah herankommen, wenn man den mit kaum sichtbaren Zügen in den Stein eingravierten Hammer

* Nach Richard Dehmels Gedicht *Krämerseelen*, aus dem Band *Erlösungen: Gedichte und Sprüche* (1898).

** Wie Bjørnson liegt Ibsen auf dem Ehrenhain *Æreslunden* des Friedhofs *Unser Heiland* im Zentrum Oslos begraben.

sehen möchte. An diesem Grab kann man nicht lange verweilen. Ibsen hat für seine Begabung und seine Macht redlich bezahlt. In einem lyrischen Gedicht schrieb er: *Dichten heißt, das Jüngste Gericht zu halten über sein eigenes Ich.**

* Aus Ibsen berühmtem Widmungsgedicht *Et vers* (1871, *Ein Vers*), hier wiedergegeben in Anlehnung an die Übertragung durch Christian Morgenstern.

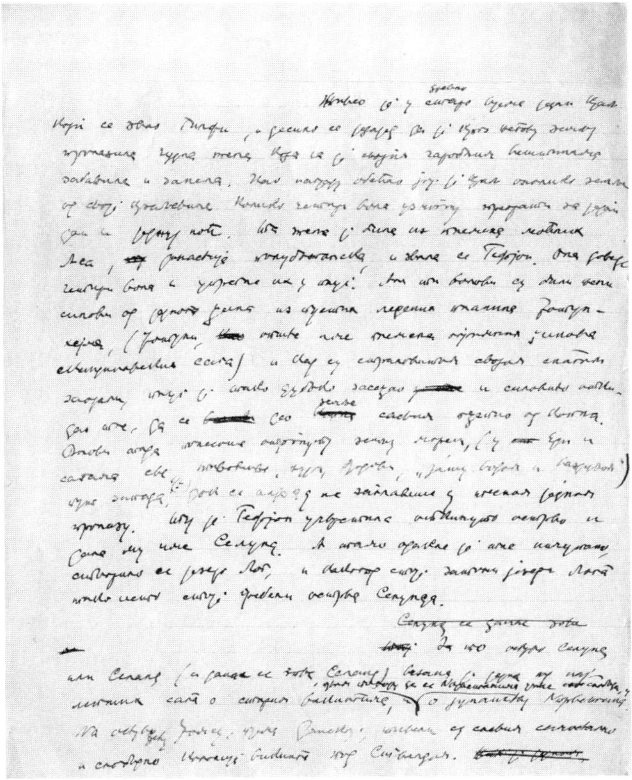

Faksimile der ersten Seite der Briefe aus Norwegen *(Isidora-Sekulić-Nachlass in der Universitätsbibliothek* Svetozar Marković *in Belgrad)*

In Norwegen lebt keiner von Gott verlassen

Norwegen ist, wie allgemein bekannt, ein kleiner Staat, der in Europa keine Rolle spielt. Er gehört zu keiner politischen Allianz, meldet sich auf großen Konferenzen nicht zu Wort, führt keine Kriege, macht keine Schulden, teilt keine Beute auf, hat keine ruhmreiche Armee. Wodurch er sich auszeichnet, ist die äußerst solide Allgemeinbildung aller Bevölkerungsschichten. Was heißt, dass in Norwegen dem Volk eine viel größere Sorge gilt als dem Staat. Bei uns in Serbien ist man der Meinung, das Ansehen, das einem Volk entgegengebracht wird, gehe vom Staat aus, doch oben im Norden denkt man umgekehrt. Deshalb gibt es in Norwegen, angefangen von Kristiana bis hinauf zum Nordpol keine einzige vergessene, nicht alphabetisierte und gemiedene Gegend. Das Gesetz, die eigene Initiative und die allgemeine Moral lassen nicht zu, dass nur ein einziger Norweger ein Analphabet bleibt. In Norwegen bestimmt der kulturelle Imperativ das Leben im Landesinneren, des Provinzstädtchens und des Dorfes.

Norwegen ist ein raues bergiges, unfruchtbares und dünn besiedeltes Land. Ein leichtes Leben hat man nur entlang der westlichen Küste und im Süden, wo die Mehrheit der Handelsstädte und Handelsstädtchen liegen. Das Landesinnere ist streng, arm und öde. Die Siedlungen der Menschen sind einsam und entlegen, der Verkehr schwach und während des tiefen Winters nicht möglich. Dennoch ist der norwegische Bauer schriftkundig, gesellig, höflich, rechtschaffend und menschenfreundlich. Mit einem Wort: Er ist kultiviert. Auf welche Art und Weise? Auf eine Art und Weise, dass dem norwegischen Volk das Gefühl innewohnt, die Bevölkerung seines Landes sei nicht die Summe der Untertanen, sondern eine Gesellschaft. Was aber ist unter Gesellschaft zu verstehen? Das beantworten uns nicht nur die Norweger, sondern auch unser leider wenig gelesener und noch weniger verwirklichter Boža Knežević*. Im 88. Paragraphen seiner *Gedanken* heißt es: *Die Gesellschaft ist nicht Bei-, Neben- und Übereinander, Gesellschaft bedeutet, einander zu brauchen.* Die Norweger pflegen dieses wahre und richtige Gefühl von Gesellschaft, das Gefühl aller Bewohner des Landes, sich gegenseitig zu brauchen. Sie brauchen sich wirklich und das nicht nur aus der Not heraus. Sie sind erzogen, sich zu brauchen. Die

* Božidar Knežević (1862–1905), serbischer Philosoph, Schriftsteller und Literaturkritiker. Sein aphoristisches Werk *Misli* (Gedanken) erschien 1901 zuerst in Serie in der Zeitschrift *Srpski Književni Glasnik* (Serbischer Literaturbote), als Buch dann 1902 (2., erw. Aufl. 1912).

Ungebildeten und Abgeschiedenen brauchen die Gebildeten, um zu nehmen; die Gebildeten brauchen die Ungebildeten und Zukurzgekommenen, um zu geben. Die Norweger machen es sich zur Gewohnheit, auch an jene, die sie noch nie gesehen haben, zu denken, sich ihrer zu erinnern und zu gedenken; zu jenen zu streben, die sie irgendwo in der Ferne ersehnen und erwarten. Sie haben verinnerlicht, dass alles, was sie unternehmen und tun, sie in ein Verhältnis zu den anderen setzt. Von jedem Fortschritt, von jeder Freude kommt ein Teil allen zu. Schließlich gibt es auch Gegenden und Menschen, die so weit weg sind, dass man ihnen nichts als einen Gedanken schicken kann. Gleichwohl. Dann wird ihnen eben ein Gedanke geschickt, also wirklich geschickt! In Form eines Briefes, einer Broschüre, dem Versprechen, dass über den Sommer jemand kommen wird, um etwas zu erzählen oder etwas zu bringen. Diese Kommunikation der Menschheit, der Güte, wirkt in Norwegen fortwährend. Sie ist eine Tatsache, die Natur, Moral, Religion und Erziehung beziehungsweise, wenn man so will, alles in einem. Das ist ein neuer, erworbener Charakter, nach dem alle Norweger gleich und ebenbürtig seien, obgleich sie sich, wie alle Menschen, nach ihren angeborenen Eigenschaften unterscheiden. Die

Provinz, das Landesinnere, der ferne Norden – darin liegt die ständige Sorge der Städter und Küstenbewohner und die kulturellen Zentren des Landes sind die beständige und sich verwirklichende Hoffnung der abgeschiedenen Bauern.

So wie gerade betont wurde, dass die Gesellschaft der bloßen Bevölkerung des Staates gegenübersteht, ist auch die Gegensätzlichkeit von privater Initiative und Gesetz hervorzuheben. Tatsächlich gibt es Gesetze, gute und kluge, die die Jugend nach ihrem Schulabschluss verpflichten, ihren Dienst ein Jahr lang dort zu leisten, wo Bedarf und Notwendigkeit bestehen. Des Weiteren gibt es Gesetze, die, ähnlich den französischen und englischen Gesetzen zum Dienst in den Kolonien, gewisse Zugeständnisse und Auszeichnungen für jene vorsehen, die dort längere Zeit arbeiten oder auch in den abgelegenen und öden Provinzen bleiben. Doch all das, was der Staat macht, verliert sich sowohl in der Quantität als auch in der Qualität gegenüber dem, was die Menschen selbst initiieren und was ein starkes, edles Gefühl der Gesellschaft, der Gemeinschaft hervorruft – ein Gefühl der Verpflichtung und Liebe gegenüber jenen, die gelehrt werden müssen, Mensch zu sein, zufrieden oder glücklich zu werden.

Sobald der Sommer kommt, schwärmen ganze Karawanen aus der kulturellen und geistigen Welt in die Berge und die nördlichen Gebiete aus. Und das sind selten finanzierte Organisationen, sprich Gesellschaften, die nach Programm, Schablone und Tagesplan reisen und arbeiten und ebenso wenig repräsentative Verbände (von Schauspielern, Sängern), die als lauter Festzug vorbeiziehen, sodass sie bei der Bevölkerung außerordentliche, paradenhafte und unaufrichtige Einstellungen und Zustände hervorrufen. Vielmehr sind es mehrheitlich kleinere Gruppen – Privatleute, Frauen, Jugendliche – die sich allein mit dem menschlichen Wunsch auf den Weg machen, in die Einsamkeit ein wenig Freude und Herzlichkeit zu tragen, Verbindungen zu stiften, Freundschaften und Briefkontakte zu knüpfen, und ganz unaufdringlich und nebenbei streuen sie, mehr durch die eigene Anwesenheit als durch verordnete Belehrung, kulturelle Bräuche, schöne Gedanken, kluge Welt- und Lebensansichten. Am wichtigsten ist, dass man beim Abschied verspricht, wiederzukommen, und man kommt wieder. Denn dieses Warten, die Freude des Wartens, dieser Glaube, dass die Freunde weit weg in der Stadt an eine Bauernfamilie denken und sie als nah und teuer ansehen – das ist es, was die Seele und den Geist von einzelnen Familien, Dörfern, nicht selten auch von ganzen Gebieten zusammenhält. Ich habe interessante mehrjährige Korrespondenzen berühmter Norweger und Norwegerinnen mit Familien vom Lande gesehen. Ich habe gehört, wie die Kindererziehung, der Kauf und Verkauf, Ehe- und Familienstreitigkeiten allesamt im Wissen und unter dem Ratschlag der Freunde aus der Stadt erfolgten.

Dieses zutiefst humane Verhältnis unter den Bewohnern eines Landes, dessen Schicksal sich – aufgrund der Rauheit der Natur – von anderen so ungeheuer abhebt, ist die Pflicht und der Stolz der Gebildeten in Norwegen. Die Religion, die Literatur, die Kunst, die häusliche Erziehung – das alles entwickelt die Sensibilität des Herzens und die Sensibilität des Gewissens für die Kleinen, Armen, Entfernten, Zukurzgekommenen, die wenig Begnadeten und Gesegneten. Ein Mensch, in dessen Lebensprogramm diese Moral nicht aktiv enthalten ist, gilt in Norwegen als pervers. Ein Mensch, der niemandes Einsamkeit durchschritten hat, keinem unentbehrlich und nützlich geworden ist, wird in Norwegen als Sünder betrachtet. Die unverheirateten norwegischen Frauen wirken wahre Wunder. Ein ganzes Jahr lang bereiten sie einen Korb mit Büchern, Gerätschaften, Gefäßen, Fotografien,

Sportgeräten, nützlichen und humorvollen Notizen vor – um im Sommer dorthin zu reisen, wo noch niemand gewesen ist, zu Freunden, die sie noch niemals gesehen haben, aber nun nie wieder vergessen werden. Wahrlich, in Norwegen lebt keiner von Gott verlassen.

Isidora Sekulić vor den Balkankriegen (Nachlass in der Universitätsbibliothek Svetozar Marković *in Belgrad)*

Fragment eines Briefes aus Skandinavien

... Der Mensch ist ein Nomade – in seinem Herzen, in seinem Denken und in seinen Idealen. Er ist ein Nomade nach Gottes Willen, der ihn zwischen die großen Räume des Himmels und der Erde gestellt hat. In der einstigen und heutigen Leidenschaft für das Fliegen, ohne Wege, Stationen und Grenzen zu reisen, bricht das Nomadentum der menschlichen Natur hervor. Der Wille Gottes – das sind Wanderwege und Flüsse, Reisen und Begegnungen, eine Abfolge von Schicksalen und Kameraden; nicht aber Staaten und Grenzen, Pfähle und Bajonette, nicht Kleinstadt-Käfige, in denen Herrscher, Nachbar, Brauch und Kritik den freien Menschen wie eine Maus erdrücken. Wegen seiner vielen Wünsche konnte Tristan nicht sterben und jedermann trägt den Schrei jenes Dichters in sich, der notierte: Askese oder Wanderschaft, etwas anderes ist nicht denkbar!* ... Schwäne und Kraniche sind

* Vermutlich eine Referenz auf den französischen Schriftsteller Léon Bloy (1846–1917), der wie kein anderer seiner Zeit Askese und Pilgerschaft verkörperte und in sein Werk einschrieb; er wird zu Beginn des zehnten Kapitels der *Briefe aus Norwegen* mit seiner berühmten Äußerung *Le silence est ma patrie* (Die Stille ist mein Vaterland) aus *Le Désespéré* (1887, *Der Verzweifelte*) zitiert.

enttäuscht, wenn wir sie nicht kennen. Adler und Rentiere verstehen und mögen Reisende. Die Hirten aus Lappland mit ihren roten Käppchen, die ihre Schlitten, Zelte und Herden mit sich führen, wenn sie auf eine andere Weide umsiedeln, und die wilde Rentierherde, die nachts, wie im Schlaf, an einen anderen Ort weiterzieht, sind wunderbare und wahre Lebensformen auf dieser Erde.

Es genügt, wenn an einem Flecken von Gottes Erde das Glück und die Kultur der Palanka* vorherrschen, Verharren und Häuslichkeit – um an den Rändern des Festlandes mit einem zweiten Element zusammenzutreffen, das den Menschen fremd ist. Es genügt, dass die Zivilisation die Zelte der Macht, der Monotonie, der Trivialität, der Angst, der Langeweile und des Komforts aufschlägt, und zwar an den Küsten von Meeren und Flüssen. Und von beiden Seiten, vom Wasser und vom Festland her, sollen an dieser Stätte der Zivilisation fortwährend wunderbare Tierprozessionen vorüberziehen, sollen Gesellschaften von Reisenden und Zufallsgäste vorbeigehen, sollen Dichter und Denker und Mönche die schöne und bekannte Welt einsam

* Das Wort *palanka* bezeichnet mit ›ländlicher Kleinstadt‹ nicht nur einen Ort, der weder Land noch Stadt ist. Er meint insbesondere einen bestimmten Palanka-Geist – einen Geist der Verschlossenheit und der Banalität, der dem archaischen Stammesdenken verhaftet bleibt und sich vor absoluter Weltoffenheit fürchtet.

und ziellos durchwandern und Schönheit, Weisheit und Güte säen, wohl wissend, dass jedes menschliche Werk und jede menschliche Gemeinschaft verglichen mit langer Wanderschaft und langem Leiden doch nur eine kleine und primitive Sache ist.

Asket werden oder auf Wanderschaft gehen! – Woher nimmt ein Franzose diesen skandinavisch-nordischen Gedanken? Daher, dass es nichts anderes gibt als die Heiligkeit des Lebens oder das Nomadentum. Daher, dass in dieser Welt alles ein Nomade ist: Die Liebe und die Schönheit sind von so kurzer Dauer wie das Sterben.

Oh, Skandinavien! Du Land der Bauern, die ihre Höfe teilen, Kirchlein errichten, weit weg, Pastor und Doktor auf Meilen von sich entfernt ansiedeln und weder Feste noch Zusammenarbeit mögen. Du Land kleiner Karriolen, in denen ein Reisender beide Sitze einnimmt und sich schreiend mit seinem Nachbarn unterhält, der hinter ihm fährt, auch er allein auf zwei Sitzen. Du Land der Vögel, für die jeder Stein ein Nest ist. Du Land der weißen Nächte voller Musik tausender Hufe, die mal gedämpft und leise im Schnee, mal wie Gewehre ratternd über trockenem nacktem Stein ertönen. Du Land unermüdlicher Schlitten, Wagenräder und klirrender Glöckchen, der kleinen Pferde, die niemals ausgespannt werden, und des nebligsilbrigen Hauchs aus den Lungen der Wanderer, die einsames Land durchstreiften und neue Heimaten schaffen. Du Land der Wasserschnellen und Wanderer, die, dünn und schwach wie ein Schleier, über Inselchen und Steine springen, einen erdrückenden Kieselstein zur Seite stoßen, Felder und Wälder durchqueren – über Gehöfte jagen und sich, um nicht einzuschlafen, in beängstigende und aufrüttelnde Tiefe stürzen. Du Land mitternächtlichen Lichts, in dem alles fließend wird, ganze Bergketten sich bewegen und das Eis auf ihnen zu rutschen beginnt. Du Land schneller Flüsse, so schnell, dass man vom Wasser, gerade angeschaut, nicht zu schöpfen vermag. Du Land mit Lampenschirmen um jedes Licht in jeder Hütte, damit keiner sieht, wenn jemand von den Anwesenden fortgeht. Du Land der geflügelten Schlittschuhe und Segelschlitten. Du Land der Knochen, die noch tot wandern, wie die Leute hier sagen, die sich zu Sandhäufchen auf den Fjells aufschichten, dort, wo kein Sand sein dürfte ... Oh Land der ursprünglichen steinernen Materie, deren seltsame Passivität niemandes Kraft und niemandes Arbeit verändern kann, das sich nirgends als an seinen zerklüfteten Rändern, die sachte ins Meer sinken, dem Leben der Menschen anpassen kann, und in dem der Mensch Bauer, Hirte oder Fischer, Alleinreisender und Gast ist, einer, der nirgends anklopfen kann – nur am Fensterchen einer hölzernen Bergstation auf dem Weg in der Weglosigkeit.

Menschen sind Nomaden, wenn sie eine wissenschaftliche Entdeckung machen und ins zukünftige Jahrhundert fliegen – in ein Jahrhundert, in dem das Feuer brennenden Holzes vielleicht nicht mehr gleichbedeutend mit Wärme ist. Menschen sind Nomaden, wenn sie im tiefen Gebet knien und alles vergessen, alles verschenken und nichts mehr brauchen. Menschen sind Nomaden, wenn sie Schmerz ertragen, dann entfernen sie sich von Dummheit und Oberflächlichkeit und Eitelkeit. Der Mensch ist ein Nomade, wenn er unglücklich ist, denn auf einem geflügelten Pferd lässt er Ambitionen und kleinstädtischen Ruhm zurück. Menschen sind Nomaden, wenn sie Revolutionen entfachen. Der Mensch ist ein Nomade, wenn er sich in die schwindelerregenden Höhen der Moral und Weisheit Spinozas erhebt. Menschen sind Nomaden, wenn sie mittags von elf bis zwölf Uhr eine vergebliche Demonstration von einem Ende des Boulevards zum anderen veranstalten …

Eine Seter, das heißt eine Bergweide hoch oben auf dem Dovrefjell, hat uns angelockt. Eine winzige

Wohnhütte aus Holz, das Gehöft mit größeren Nebengebäuden; die ›Saison‹ über ist das Vieh auf dem Fjell. Der Fjell um die Seter herum ist so groß, dass London darauf Platz hätte, jedoch ist er leer und sauber, etwa 4000 Fuß über dem Meeresspiegel, und es ist durch Gottes Gnade gewiss, dass es darauf niemals ein London geben wird. London ist voller Ratten, auf dem Fjell aber wandern Hirsche. Der Fjell bleibt – er ist derselbe, der er vor tausenden Jahren war. Alle geologischen Formen sprechen von einer schrecklich langen Dauer und der Passivität, die das Dasein dieser Welt ausmacht. Der antike Dichter Lukrez hat sich in seinem titanischen Poem über die Unvollkommenheit der Natur dennoch geirrt, zumindest teilweise, als er folgende Verse schrieb: *Feurige Hitze und ewiger fallender Frost verschlingen fast zwei Zonen, die sie den Menschen vorenthalten.** Der Fjell bleibt und der Himmel unterhalb des Fjells gleicht einem unermesslichen Schlund. Nur ist alles auf dem Fjell dermaßen groß und mächtig, dass er gewiss in keinem Verhältnis zum Menschen steht. Er verschlingt den Menschen. In der Bergstation schämten wir uns zu essen, vom »Plan« der weiteren Reise zu sprechen oder »Eindrücke« zu schildern. Der Mensch verliert sich selbst, so wie eine Nadel verloren geht, die in einen Krater fällt. Ein Bür-

* Referenz auf Lukrez' Lehrgedicht *De rerum natura* (55 v. Chr., *Über die Natur der Dinge*), Buch V.

ger, ein Mensch, der in irgendeinem Land Rechte, Titel, Verdienste, irgendein Talent hat – das kommt auf dem skandinavischen Fjell einer Marionettenszene auf dem Saturn gleich. Wir setzten uns neben den Ofen, verbargen die Gesichter in den Händen, häuften im Kopf alle Dokumente an, die uns auszumachen schienen, aber es gelang uns nicht, uns wie die tags zuvor beobachtete Gämse zu fühlen, die bis zum letzten Haar erstarrt in Windrichtung verharrte und zart wie eine Zeichnung aussah, aber felsenfest war wie der Stein, auf dem sie stand.

Wir konnten weder lesen noch schlafen. Die Herzen in uns schlugen laut und mit Geklirr, als ob uns allen, wie den Kleinpferden im Stall, um den Hals rastlose Glöckchen gebunden worden waren, die ständig daran erinnern, dass es wunderbar wäre, aufzubrechen, und dass man gehen muss. Gehen, gehen, weggehen, mit den Fjordpferden und Rentieren losziehen, das und nichts anderes! Ohne Reisepass, ohne Biographie – auf dem Fjell gibt es nicht einmal eine Geschichte. Seit neun Jahrhunderten haben dort unten die herrschaftlichen Chronisten etwas verzeichnet, aber hier oben sind die Menschen neun Jahrhunderte lang nur mit der Natur um sich herum verschmolzen. Wie den Saft des Lebens spürten wir das Nomadentum in den Adern.

Skandinavien ist von stolzer Natur, nimmt nichts in sich auf, und der Mensch kann hier nur herumirren.

Auf der Seter lebt die schöne Almbäuerin Ingrid, eine junge unverheiratete Mutter. Sie steigt nicht vom Fjell hinunter, obwohl die Saison dem Ende zugeht. Auch die anderen Almbäuerinnen gehen nicht hinab, sie lieben die Einsamkeit. An schönen Tagen kommen die Leute aus den Bergen zu ihnen. Aber wenn die Zeit naht, wo auch sie ins Tal müssen, bedeutet dies einen strengen Winter, Müßiggang, das Auflodern von Leidenschaft und Sünde. Bjørnson, der im hohen Norden geboren wurde, sah in seiner Kindheit so viel an Biologie, an Poesie und von der Pathologie der Instinkte in jenen Gegenden, in denen es acht Monate lang Winter und vier Monate lang kalt ist und wo die Nacht auf die Erde fällt wie der Tod, dass es ihm für das ganze Leben und alle Dramen, die er schrieb, reichte. Wenn diese kurzen Tage kommen, wenn die Sonne irgendwo unterhalb der Horizontlinie auf und untergeht und jene weiße, kaum aufsteigende Dämmerung eines langen Tages alles beherrscht und wie melancholische Musik reizt – dann ist die Zeit gekommen, da man in skandinavischen Breiten nicht arbeitet, nicht zu arbeiten vermag. Faulenzerei aus Zwang – das ist furchteinflößend. Erinnern wir uns an die Zeilen aus Hesiods *Werken*, wonach sich im Frühling der Ruf des Kranichs *ins Herz des Menschen beißt, dem die Ochsen fehlen.** Während des strengen und langen skandinavischen Winters bleibt die Natur ohne Ochsen. Dann denken die Leute – Bauern wie Intellektuelle – mit einer vergifteten Phantasie an jene, die sich arbeitend bewegen. Das ist die Zeit, in der Instinkte und Leidenschaften, Schwächen und Abartigkeiten drauf und dran sind, jeden Augenblick zu entflammen, und das, was jahrelang in den Charakter und die zwischenmenschlichen Beziehungen geflossen ist, ins Ungleichgewicht oder in Unordnung zu bringen. Die Bauern stricken Strümpfe und nähen, um sich zu zerstreuen und Leid zu ersparen. Die Intellektuellen ersinnen Abschriften des Lebens, die manchmal wundersam und manchmal unheimlich sind. Ibsens Figur des Alten, der auf dem Dachboden Wildenten jagt, ist ein Beispiel dafür.

Die blonde Ingrid hat zwei uneheliche Söhne. Der jüngere lebt mit ihr auf der Seter. Wir haben den zehnjährigen Knud gesehen, der hell und blond, wie aus Schnee und Flachs gemacht ist. Der Stationswärter, der uns zur Seter begleitete, erzählt, dass der Junge eine besondere Begabung für die Musik habe, er vergöttere seine kleine Violine, und dann liebe er noch

* Zitiert nach Hesiods epischem Lehrgedicht *Werke und Tage* (um 700 v. Chr).

sein Messer. Wir schrecken auf, doch der Stationswärter fährt mit seiner Erzählung fort. Der ältere Sohn besucht die Schule, in einer Gemeinde irgendwo im Gudbrandstal. Die Mutter arbeitet und zieht die Kinder groß. Knud ist der Sohn eines Bauern, eines Ackerbauern, mit dem sich Ingrid in einem langen und schrecklich müßigen Winter näherkam und der im Streit mit seinem Freund, auf einem Bauernhof, in einem Privathaus bei einem Glas Milch in eben diesem langen und schrecklich müßigen Winter verschied. Zuerst haben die Freunde gemeinsam gesungen und musiziert und sich wenig später mit Messern Stück für Stück zerfleischt. Beide starben in kurzer Zeit.

Auch Gottes Genialität hat ihre Beständigkeit, ihre klassischen Merkmale. Im hohen Norden wiederholt sich, was im Süden lebt und wirkt. Wie Italiener und Spanier lieben auch die Norweger das Lied, die Poesie und das Messer. Odin sprach in Versen. Es gibt so viele historische Messernamen wie es Wikinger-Anführer und alte Könige gab; einige Messer existieren noch heute unter diesen Namen, wie Persönlichkeiten. Auch der Vater von Ingrids älterem Sohn trug bei sich ein Messer. Er war Fischer, ein fischender Nomade. Einmal wurde er zusammen mit zwei weiteren Fischern auf dem Meer vom Sturm überrascht. Schnell liefen sie mit dem Boot in einen Fjord ein, um sich zu retten. Doch an dieser Stelle war der Fjord eng, in die Wand gedrückt, sodass er hohe Wellen warf. Die Wellen ließen das Boot kentern. Einer der drei wurde vom Boot untergetaucht und ertrank sofort, die anderen beiden stießen ihre Messer tief in den umgedrehten Bootsrumpf und packten die Griffe, um so auszuharren, bis Hilfe käme. Am kommenden Morgen fanden andere Fischer das Boot mit den Messern und brachten Ingrid die Waffe für den Sohn – ein wunderbares Messer, in dessen Schaft der Besitzer selbst Verse aus einer Sage (die, abgewandelt, auch in einem Drama von Bjørnson verwendet wurden) eingeritzt hat, auch hier wurden sie mit dem entsprechenden Namen ausgeschrieben:

> Heute habe ich Bjørn zusammengeschlagen. Er war der stärkste Mann in Norwegen. Jetzt bin ich es.

Das alles hat uns nicht Ingrid, sondern diese Wärtersfrau erzählt. »Wie schrecklich, die arme Ingrid!«, sagte einer von uns. »Wieso?«, erwiderte der Stationswärter, unser Hauptdolmetscher, »das einfachste Begräbnis ist von geringstem Leid.«

Ingrid bewirtete uns mit Milch, die frisch, rahmhaltig und übermäßig gesüßt war. Und sie stand vor uns in ihrem schönen roten Rock mit gelben Monden und mit einer Hand strich sie ihre blonden Locken zurecht und mit der anderen zog sie altes, abgewetztes Moos aus dem aufgeknöpften, etwas zerschlissenen Sitzkissen der Karriole heraus, um es mit neuem trockenen Moos zu stopfen. Plötzlich fiel, zusammen mit diesen alten lederartigen Moosflechten, ein altertümliches gedrungenes, in Leder gebundenes und natürlich völlig zerfleddertes Buch heraus. Eine von uns greift danach, ohne Ingrids Erlaubnis. Ein lateinischer Klassiker, gedruckt in Paris im 15. Jahrhundert. Auf der inneren Titelseite steht, wie es damals üblich war, auch das Zeichen des Verkaufsortes: *Sur le pont Notre Dame, á lymage sainct Jehan levangeliste.** Ingrid fängt an zu lachen. Auch wir beginnen zu lachen. Wem gehört das Buch? Einem Pastor. Wer hat es gelesen? Ein Pastor. Wie gelangte es zu Ingrid? Durch einen Pastor. Und wieder brachen alle in Lachen aus. Ingrid krümmt sich, so wurde schon lange nicht mehr auf einer Seter auf dem Dovrefjell gelacht … Erleichtert fingen wir an, die Almbäuerin über den Dolmetscher zu bitten, uns etwas zu erzählen. Sie entschuldigte sich sehr sympathisch und seltsam, sie wisse nichts außer ihrem Namen. »Nur meinen Namen«, wiederholte sie und gab dabei durch das Fensterchen ihrem Pferdchen, das

* Altfranzösisch: ›Auf der Brücke zu Notre Dame beim Bildnis des Hl. Evangelisten Johannes.‹

an der Stalltür stand, ein Zeichen. Der Stationswärter teilte uns mit, dass Ingrid eine wahrhafte Almbäuerin sei, eine Milch- und Käsebäuerin, und die Herrin dieses seltsamen Kleinpferds, das einen Sinn für die Schönheiten der Natur zu haben scheint. Bemerkt es etwas Großartiges, geht es vom Weg ab und bleibt stehen, weitet die Augen und die Nüstern, spitzt die Ohren wie zwei Pfeile und steht, bis es sich an dem, was es erblickt hat, sattgesehen hat. Ingrid drängt es nicht, sie sitzt in der Karriole und wartet, bis die Glöckchen um den Hals des Tieres von Neuem erschallen.

Beim Abschied legte sich die Almbäuerin den bunten Umhang der Lappländer um und trat mit uns ins Freie, sie trug den Sitz heraus, stieß das Buch des Pastors wieder hinein, spannte ihr hellsichtiges Pferdchen an, verstaute unter dem Sitz einige Bürsten und Lappen, hob Knud hoch und mummelte ihn in eine Wolldecke ein, sprang auf, schnalzte mit der Zunge. Sie verschwand darauf schnell in dem in den Fels geschlagenen, gewölbten Tunnel, der nicht sehr lang ist, aber den Leuten und dem Vieh bei schlechtem Wetter gute Dienste leistet, dass sie sich vom Kampf mit der Natur etwas erholen. Der Stationswärter erzählte uns, Ingrid habe auch die Aufgabe übernommen, in der Kirche nach dem Rechten zu sehen und dort zu putzen.

Ein kleines Kirchlein aus Holz, das wir gesehen haben, als wir uns vor zwei Tagen der Station näherten, errichtet mit verwinkelten Stockwerken wie ein Teleskop* und auch im untersten Stockwerk so schmal, dass außer Ingrid und dem Saum ihres Pelzmantels kaum noch der kleine Knud samt Bürste hineinpassen würde ... Lange sprachen wir noch über die Almbäuerin, die nicht mehr wusste als ihren Namen. Einer der Reisegefährten erinnerte uns an Lessing, der in einem Brief an einen Freund schrieb: *Kann man von einem Menschen ohne Glück und ohne Freunde viel Wichtigeres sagen als seinen Namen?***

In der Ferne funkelte eine Bergkette. Ihre klimatische Formation konnte trotz der gewaltigen Entfernung deutlich abgelesen werden: Eis, dann Schnee, dann nackter Fels, spitz und scharf, ohne Einkerbungen, wie ein Rasiermesser. Tourismus gibt es dort natürlich nicht, keinen Spaß und kein Vergnügen, keine Neuigkeiten vom Tage, da es keine romantischen Ausflüge und keine Katastrophen gibt und kaum einen anderen Kalender als den geheimnisvollen Wechsel von Licht und Schatten ... Die optischen Sensationen werden bei den Nordländern zur Leidenschaft, die wir

* Bauart der für Skandinavien typischen hölzernen Stabskirchen.

** Zitiert nach einem Brief von Gotthold Ephraim Lessing an den deutschen Theologen und Orientalisten Johann David Michaelis vom 16. Oktober 1754.

nicht begreifen können. Wenn das starke Nordlicht aufblitzt oder in Gestalt von kräftigen Farbflecken hervorkommt, beginnen die Augen unruhig zu zucken und die Menschen lauschen, als hätten sie eine große Posaune gehört, bei den Rentieren zittern die schlanken Beine. Stundenlang beobachtet der Nordländer, wie Licht und Finsternis miteinander kämpfen, wie die flackernden Reflexe an den Felswänden haften, wie im Halbdunkel eine neue Welt aus Gestalten von Menschen und Gegenständen entsteht ... Die Holländer, ein Volk des Nordens, schenkten der Malerei die ganzen wundersamen Abstufungen von verblassendem Licht. Mithilfe heller und dunkler Flecken haben sie alle seelischen Zustände zur Ansicht gebracht. Das Licht einer ausgehenden Kerze, ein Sonnenstrahl, der in ein Zimmer fällt – das sind Bilder, das ist Poesie, das ist das Geheimnis des Lebens. Allerdings sagte auch ein antiker griechischer Dichter aus dem mediterranen Süden (Apollonius in *Argonautika*), das *Herz von Medea springe wie ein Sonnenstrahl, der von Wasser reflektiert wird, das man gerade in ein Gefäß geschüttet hat, im Zimmer hin und her.** Das ist noch ein Beispiel für das Aufeinandertreffen von Norden und Süden. Nomaden sind auch die Ideen und die Träume und die Worte der Menschen. Und Schicksale sind Noma-

* Zitiert nach dem im 3. Jahrhundert v. Chr. entstandenen Argonautenepos des Apollonius (Rhodius).

den. Ebenso wandern Dämonen, unglückliche Könige, Sünden, Opfer und Strafen.

Auf dem Fjell fühlt man, dass man die Schichten aller Naturen und Entwicklungen, die Spuren der Ruhelosigkeit aller Wanderungen, Umsiedlungen und Fluchtbewegungen in sich trägt. In Skandinavien liebt man leidenschaftlich die Bewegung in die Ferne und sehnlichst wünscht man sich die Beine und Herzen der wilden Rentiere ...

Isidora Sekulić 1937 in Cetinje, Montenegro
(Handschriftenabteilung der Matica srpska *in Novi Sad)*

Auf einem norwegischen Felsturm

Die unruhigen Wogen der hohen See und über ihr einige Meeresvögel in leidenschaftlichem Flug. Zwei wunderbare Kräfte in Bewegung: die Kraft der Wellen und die Kraft der Flügel. Wohin eilen sie? Sie eilen die Bahn der Vergänglichkeit entlang, bis zum Ende. Das Meer wellt sich, bewegt sich, erbebt, schwillt an – und stürzt in sich zusammen. Auf der gewaltigen, trüben olivgrünen Oberfläche zeigt sich eine weiße Furche, ein Weg, also ein Weg aus Wasser auf dem Wasser. Dorthin wälzen sich, auf gewisse Weise geordnet, wie Schiffe die langen Wellen. Sie treiben und entfernen sich mit der Geschwindigkeit der Nimmerwiederkehr. Stavanger und sein Turm* werden sie nicht mehr wiedersehen ... Zwischen Wasser und dunklem Himmel spielt sich noch eine weitere Reise, ein weiterer Weggang ab – der Flug der Vögel. Um des schnelleren Fluges willen sind die Vögel gestählt, abgemagert und aufrecht. Mit Sturmwind in den Flügeln feiern sie ihren vielleicht letzten Flug. Blitzschnell erreichen und überholen sie die Wellen, verlassen sie Stavanger, den Turm, andere Städte und Berge, die Häuser der Men-

* Gemeint ist wahrscheinlich ein Felsturm in der Umgebung von Stavanger – der Preikestolen (norw. ›Predigtstuhl‹), eine natürliche Felskanzel.

schen und ihre Nester. Sie durchqueren den Raum, durchqueren das Leben.

Die Vergänglichkeit* als Naturprinzip, als Lauf unseres und des irdischen Daseins überhaupt, ist vor uns, mit uns und in uns. Die Vergänglichkeit ist die Voraussetzung des Lebens, sie ist uns gegeben und gilt unwiderlegbar für alles, was wir lieben und schätzen. Von der Art und Weise, wie diese Tatsache in uns lebt, hängt unsere Welt, unser Mut, unsere Liebe und Güte ab. Doch das Bewusstsein über die Vergänglichkeit muss veredelt werden. Erbarmungslos erschien uns immer das Wort des Evangeliums: *Du Narr! diese Nacht kann man deine Seele von dir fordern.*** In diesem Sinne ist uns die Philosophie ein besserer Lehrmeister und Freund als das Evangelium und die Dichtung. Unsere Vergänglichkeit ist keine Strafe, keine Katastrophe, sondern ein beständiger Zustand. Jede Dichtung lässt im Menschen die Idee von Vergänglichkeit, Abschied und Tod als etwas Überraschendes, Unbegreifliches, Ungerechtes, ja als etwas Katastrophales gedeihen. Sie knüpfte Vergänglichkeit und Abschied an Bilder des Schreckens,

* Serb. *prolaznost* ›Vergänglichkeit‹ (von *prolaziti* ›überschreiten‹, ›vergehen‹, ›durchreisen‹) hat auch die Bedeutung von ›Passierbarkeit‹, ›Durchquerbarkeit‹. ›Vergänglichkeit‹ meint bei Sekulić den Kreislauf der Natur, der sich auch im Bild der Raum und Zeit durchquerenden Vögel widerspiegelt.

** Zitiert nach Lukas 12,20.

des Begräbnisses, der Klage. Der Tod muss entweder ein heroischer Tod sein, der den Affekt sucht und einen großen, emotionsgeladenen Umbruch beansprucht, oder aber ein sehr trauriger Tod von schwachen Geschöpfen, der deswegen an das Schicksal, an die Natur und an Gott gerichtete Verwünschungen und Proteste ertönen lässt. Abschiede jedoch zeigen die guten Kräfte des Menschen: Abschiede sind voll von wohlwollendem Lächeln, voller Güte und weisem Mut. Die Philosophie ist voll von Gedanken und Dichtung über die edle Übereinkunft des Menschen mit der Vergänglichkeit. In der Dichtung dagegen ist es einzig Baudelaire, der singt: *O mort, vieux capitaine, il est temps! levons l'ancre.** Ansonsten haben die Dichter, sogar die Lyriker mit philosophischer Veranlagung, etwa der wundervolle Leopardi**, dem Menschen das Gefühl des Schicksals eingepflanzt, das Gefühl der Vergänglichkeit als Zwang und Gewalt. Es gibt keine Gewalt! Silvije Kranjčević war auf gutem Wege, als er den Tod, und zwar den Tod des Todes selbst, als ein Sterben besang: … *unhörbar, süß, leicht und leiser als das Gefieder der Seraphim, wenn er sich mit einem*

* Dt.: »Tod, alter Kapitän: Nun ist es Zeit!«, Verse aus Charles Baudelaires Gedicht *Le voyage VIII* (*Die Reise VIII*) aus dem Zyklus *Les Fleurs du Mal* (1857, *Die Blumen des Bösen*).

** Giacomo Leopardi (1798–1837), italienischer Dichter, Essayist und Philologe.

*Flügel vor Gott verneigt.** Und Milan Rakić** war auf noch besserem Wege, philosophisch wie dichterisch, als er sich nur vor dem Altern und vor der Krankheit des Menschen ängstigte, den Tod aber als Fortgang, als Moment des Abschieds, als etwas, was mit uns identisch ist, betrachtete und meinte, der Mensch müsse in sich eine Art natürlicher Übereinstimmung mit der ganzen Linie seiner Existenz tragen.

Wenn es um Vergänglichkeit und die Abschiede im Leben eines Menschen geht, dann ist die Philosophie ein größerer Dichter als die Religion und selbst die Dichtung.

* Verse aus dem Gedicht *Groblje na umoru* (1903, Friedhof im Sterben) des kroatischen Schriftstellers Silvije Strahimir Kranjčević (1865–1908).

** Milan Rakić (1876–1938), serbischer, vom französischen Symbolismus beeinflusster Dichter und Diplomat.

Isidora Sekulić in ihrem Arbeitszimmer um 1940
(Handschriftenabteilung der Matica srpska *in Novi Sad)*

Land aus Fels und Licht.
Nachwort

Du wirst mich fragen, warum ich wieder im Norden bin, wenn es doch Gegenden gibt, in denen Blumen zertreten werden, wo die Sonne selbst einen Stein zum Glühen bringen kann und dem Menschen mitten ins Herz scheint.[1]

Der Reiz des Nordens, so die Antwort einer serbischen Reisenden, liege gerade darin, dass er diesen Überfluss des Südens entbehrt. Im Herbst 1913 bricht die 1877 in der Bačka geborene Isidora (eigentlich Sidonija) Sekulić von Belgrad aus nach Norwegen auf, ein zu diesem Zeitpunkt selbst für den gebildeten Europäer ungewöhnliches Ziel. Die serbische Intellektuelle und Pädagogin, die gerade mit dem Prosaband *Weggefährten* (*Saputnici*) ihr literarisches Debüt gegeben hatte, betritt unbekanntes Terrain. Über Skandinavien ist bis dato in Serbien kaum publiziert worden. Die Kulturen des Nordens werden allenfalls über Paris wahrgenommen, wo seit den 1890er Jahren Dramen von August Strindberg, Bjørnstjerne Bjørnson und Henrik Ibsen gespielt werden. In konservativen serbischen Kreisen stößt Sekulićs kulturelle Orientierung ebenso auf Unverständnis wie ihr modernes

Schreiben. Im Jahre 1914, in dem ihr Reisebericht *Briefe aus Norwegen* (*Pisma iz Norveške*) erscheinen wird, bezeichnete der Literaturkritiker Jovan Skerlić (1877–1914) mit dem Wort »skandinavisieren« moderne Tendenzen in der serbischen Literatur, die sich weitab des nationalen Kanons neue selbstreflexive Ausdrucksweisen erschlossen.[2]

Sekulić orientierte sich an der experimentellen, mäandernden Form des Essays in der Tradition von Michel de Montaigne, die in der west- und mitteleuropäischen Literatur spätestens um 1920 eine gewisse Konjunktur erlebte. Wie verwandte autofiktionale Genres (Beichte, Brief, Erinnerungen, Memoiren, Tagebuchaufzeichnungen) unternimmt der Reisebericht der Autorin eine Untersuchung des Ichs in seinem Verhältnis zur Welt. Eigenwillig verbindet sie philosophische Reflexion – die der patriarchalen Vorstellung von den zwei Sphären nach allein in die männliche Sphäre des Intellekts gehört – und zuweilen trivial anmutende Beobachtungen sowie feinfühlige und meditative Abschweifungen.

Wie viele serbische Reiseberichte in der Nachfolge des Schriftstellers, Diplomaten und Herausgebers Ljubomir Nenadović (1826–1895) ist auch Sekulićs Reisebericht mit *Briefe* (*pisma*) betitelt.[3] Auch in der europäischen Literaturgeschichte fehlt es nicht an Beispielen, die die Affinität von Privatbrief und Reisebericht nahelegen. Diese Kombination ist geradezu paradigmatisch für weibliches Schreiben, ein frühes Beispiels sind die *Briefe eines kurzen Aufenthaltes in Schweden, Norwegen und Dänemark* (*Letters Written During a Short Residence in Sweden, Norway, and Denmark*, 1796) aus der Feder der britischen Feministin Mary Wollstonecraft, der Mutter von Mary Shelley. Oftmals war das Ergebnis dieses Schreibens ein Zeugnis von historischem und soziologischem Wert, da es Konventionsbruch und Lebensexperiment dokumentierte. Doch der Reisebericht der Moderne[4] erlangt in seiner essayistischen Form und in der freien Verzahnung sehr verschiedener Ideen und Vermittlungsmodelle auch ästhetische Bedeutung: Neben das romantische Konzept der Privatheit und Innerlichkeit trat das aufklärerische Sendungsbewusstsein, neben die Mitteilung aus der Fremde eine eigenständige Erzählung, in der eine bunte Palette persönlicher Eindrücke, Informationen und philosophischer Reflexionen über moderne Konzepte des Selbst, der Identität, der Kultur verwebt waren.

Die intime Ansprache des Lesers in Sekulićs *Briefen*, die Frage also, warum ausgerechnet der Norden, nimmt nicht nur die Antwort auf einheimische Kritiker vorweg. Sie spiegelt auch den inneren Dialog der Autorin wider, die immer schon im Müßiggang des heißen Südens Sympathien für das schwere Leben des Nordländers hegte und *die eisige und weiße Phantasie des Nordens träumte.*[5] Die *Briefe aus Norwegen* sind durchzogen von dem europäischen Nord-Süd-Diskurs, der in den Vorstellungen der Antike seinen Ausgang nahm. Gestützt auf die spekulative Klimatheorie beeinflusste dieser Diskurs seit dem 18. Jahrhundert politologische und volkskundlich-anthropologische Schriften: angefangen mit Montesquieus Abhandlung *Vom Geist der Gesetze* (*L'Esprit des loix*) von 1748, worin die europäischen Staaten und deren Regierungsformen nach Nord und Süd unterschieden werden, später die Schriften des Schweizers Karl Victor von Bonstettens und Friedrich de la Motte-Fouqués Traktat, um nur einige Namen zu nennen.

Die Einteilung der Menschheit auf der Grundlage von Klima und Geographie beruhte auf der Annahme, dass das milde Klima im Süden die Künste und Wissenschaften begünstige und der harte Norden menschen- und kulturfeindlich sei. Allein Johann Gottfried von Herder trat in seinem Hauptwerk, den *Ideen zur Philosophie der Geschichte der Menschheit* (4 Bde., 1784–1791), in dem er auch den Einfluss des Klimas auf psychophysische Konstellationen der Völker reflektierte, den Versuch an, den Umweltdeterminismus der Anthropologie zu überwinden. Dennoch hielten sich klimatisch und physiognomisch untermauerte Kategorisierungen hartnäckig und trugen bei zur völkischen Idealisierung und Ideologiebildung. Literatur und Kunstwerke, die vor diesem Hintergrund auf Mentalitätsfragen und Nationalcharaktere, Volksgeist und politische Ideale eingingen, beförderten die Stereotypisierung der Nord- und Südländer.[6]

Während der Norden (darunter fiel nicht nur Skandinavien, sondern auch Deutschland und Großbritannien) dabei relativ unbestimmt blieb, wurde der Süden mit Italien identifiziert – ganz im Einklang mit Johann Wolfgang von Goethes Italienreise. Neben die Südensehnsucht in Kunst und Kunstanschauung, wie sie auch von Johann Joachim Winckelmann bestärkt wurde, trat das Interesse der Romantik für die nordische Mythologie und Werke wie *Edda*[7]. In Deutschland erlebte der Mythos vom Norden mit Richard Wagners Musikdrama *Ring des Nibelungen* (1876) und bis hin zu Theodor Däublers Versepos *Das Nordlicht* (1910) eine Renaissance. Die nationalmystische Rhetorik Wagners und die naturmystische Symbolsprache Däublers verkörperten die Pole, zwischen denen sich das Spektrum postromantischer Darstellungen des Nordens entfaltete.[8] Im deutschen Expressionismus, allen voran in der Lyrik Gottfried Benns, findet sich der Norden mit Tod, Nebel und Trauer assoziiert, während der Süden, sei es der abendländische Mittelmeerraum oder die exotische Südsee, innere Klarheit und ästhetische Harmonie verkörperte. Das war ganz im Sinne Friedrich Nietzsches, der sich gegen Wagner positionierte und dazu aufforderte, den *Süden in sich* [zu] *entdecken, und einen hellen glänzenden geheimnißvollen Himmel des Südens über sich auf*[zu]*spannen*, was gleichzeitig bedeutete, *übernationaler, europäischer, übereuropäischer, morgenländischer, endlich griechischer* zu werden. Denn im Griechischen lag, so Nietzsche, die erste große Synthese – *der Anfang der europäischen Seele, die Entdeckung unserer ›neuen Welt‹.*[9]

Mit diesem Diskurs bestens vertraut, entwirft Sekulić in ihrem Werk eine kulturelle Topographie Europas, die die klimageographische Nord-Süd-Achse aufgreift, aber nicht als Widerspruch ausdeutet. Sie ist weder an dem Antagonismus zwischen eisernem (barbarischem) Norden und weichem (kultiviertem) Süden interessiert, noch an einer Gegenüberstellung des südlichen Leichtsinns und der nordischen Vernunft. Mentalitätsunterschiede trafen sich nach ihrer

Erfahrung jenseits der Himmelssphären bereits auf kleinstem geographischem Raum. Vielmehr ist ihr nach Norden gerichteter Blick nüchtern auf das skandinavische Gesellschaftsmodell fokussiert. Die Heimat Sekulićs hatte sich in ein Pulverfass verwandelt. Ihre Reise und Publikation der *Briefe aus Norwegen* fallen in den Zeitraum zwischen den Friedensschlüssen, die im Spätsommer und Herbst 1913 die Balkankriege offiziell zwar beendeten, aber eine instabile, nationalistisch aufgeheizte Neuordnung hervorbrachten, und den Ausbruch des Ersten Weltkriegs.

Sekulić imponierte die friedliche Auflösung der Zwangsunion mit Schweden, für die sich Norwegen in einer Volksabstimmung vom 13. August 1905 aussprach. Der Norden war für sie politischer Fluchtpunkt und vielleicht auch Sehnsuchtsort. Ihr Süden ist nicht ein idealisierter Mittelmeerraum, von dem alle Verbindungslinien der europäischen Kultur ausgingen. Ihr schwebt dagegen das savoyische Piemont, das durch den Kampf geeinte Italien, vor, und zwar als Richtmaß für das Einheitsstreben der Südslawen, und die Balkanhalbinsel, deren unmittelbarer Bestandteil und Vorbild wiederum der »alte« Süden, also Griechenland und das antike Staatsideal, waren, und dieses Ideal sah sie in der stabilen Friedenslage in Skandinavien realisiert.[10]

In den *Briefen aus Norwegen* beginnt die Überfahrt nach Norwegen mit dem Durchleben der nordischen Mythologie. Gebannt blickt die Reisende auf die See und die Felsen, die den Schöpfungsmythen der *Edda* nach aus dem Körper des Ur-Riesen Ymir entstanden. Doch das Befremden ob der mythischen Urgewalten verliert sich mit dem Überqueren der norwegischen Grenze, sie empfindet es als Übertreten einer Türschwelle, hinter der sie trotz Distanz und Differenzen Vertrautes findet. Das Erstaunen der Norweger über die Reisende und die gastliche Aufnahme im fremden Haus verleihen der Reise oft Züge eines Besuchs bei vertrauten Freunden.

Die Reiseroute führt von Oslo nach Bergen und Trondheim, in die Hafenstädte Namsos und Bodø, zu malerischen Gebirgslandschaften mit ihren Almhütten, und hoch in den Norden dann, mit dem Schiff, an der großen Inselgruppe der Lofoten vorbei, nach Tromsø und Hammerfest in der norwegischen Finnmark. Sekulić wird nicht müde, die sich um die Fjorde an der norwegischen Steilküste und um die Fjells oberhalb der Waldgrenze rankenden Geschichten zu erzählen. Und immer wieder zieht sie Vergleiche zwischen den *kleinen Völkern*, wie es die Norweger und Serben sind, und sucht nach Gemeinsamkeiten. So verspürt sie in den norwegischen Bergen und Wäldern, die sie an Montenegro oder Bosnien erinnern, Heimatgefühle.[11] Und stellt zugleich einen wesentlichen Unterschied fest: Es fehle hier der nationale Kampfgeist der heimatlichen Bergbewohner.[12] Das Nationalprinzip spiele keine grundlegende Rolle für das norwegische Gemeinwesen.[13] Der Heroismus des Nordländers (*Nordijac*) ist von leiserer Natur als in den Mythen der modernen Dichtung. Er wird eher von einem Menschen verkörpert, der den Kampf in sich austrägt: Der Nordländer ist *nur mit der Seele stärker als sein Norden.*[14] Mit Empathie spricht sie vom norwegischen Alltag, lässt die Menschen selbst zu Wort kommen und erfasst ihr Wesen in den melancholischen Liedern und dunklen Melodien, in denen die endlosen Winter das Leitmotiv sind: *Nirgendwo fühlt man so wie in der norwegischen Natur, dass allein in der Kälte die Ewigkeit liegt.*

In den Reisebericht mischen sich immer wieder Vergleiche der neuen Erfahrungen mit dem Bekannten, aber auch der unterschiedlichen Lebensweisen in den Küstenstädten und den unendlichen Öden im Landesinneren. Sekulić beschreibt wohlwollend, wie sich Oslo im Winter in eine ausgelassene Schlitten- und Schliddergesellschaft verwandelt und wie lebhaft und fröhlich es in der Hafenstadt Bergen zugeht, wo gutbetuchte Händler im Pariser Chic, in Tierhäute gehüllte Grönländer, Lappländer in ihren farbenfrohen Trachten und einfache, wassertriefende Fischer zusammentreffen.[15] Der Schwerpunkt der Beschreibung liegt in den *Briefen aus Norwegen* jedoch auf Geographie und Klima. Die Autorin ist wortgewaltig und überrascht mit ungewöhnlichen Bildern, etwa wenn sie von dem auf Felsen wachsenden Wald mit seinen Wurzelgeflechten über der Erde von der *Allegorie des norwegischen Lebens* spricht,[16] oder von ihrer ersten Begegnung mit Elchen berichtet, die als *autokratische Zaren* in Erscheinung treten. Auch kann sie die karge Natur zu einem ebenso kargen Ausdruck verdichten: *Fels, Schnee, Wind, Stille.*[17] Oder sich vom Fjell, der – so die vermittelte Selbstwahrnehmung der Einheimischen – den wahren Norweger prägt, zu einem nahezu schwärmerischen Ausdruck verleiten lassen:

> Herrlich sind die Fjells in ihrer Monstrosität. In ihren monströsen Ausmaßen, in ihrer monströsen Einsamkeit und Ödnis, in ihren geradezu monströsen Aussichten mit einzigartigem Licht- und Farbenspiel. Das Licht erinnert sogar an den Süden, an das Licht in Italien, nicht so sehr der

> Umgebung von Rom oder zum Tyrrhenischen Meer hin, sondern in der Toskana und in Umbrien. Das ist, wenn nicht gar ein paradiesisches, so doch himmlisches Licht – ein wahres Lebenselement: es heilt, tröstet, weckt die Lebensfreude und den Glauben in den Sinn des Lebens. Nur in Italien konnte die Renaissance, die Wiedergeburt, geboren werden! So, wie wir es erlebt hatten, durchdrang und eroberte auf dem Fjell alles von Zeit zu Zeit eben dieses Licht, obwohl es Herbst war. Die reine helle Luft duftete nach Blumen, vielleicht wie unser Maiglöckchen, das nach Wald riecht, nach Kälte und nach Stille.[18]

Diese geheimnisvolle und doch vertraute Spannung zwischen Bewegung und Bewegtheit, Felsen und Licht, Titanischem und Friedlichkeit der norwegischen Hochebenen durchlebt das empfindsame Subjekt der *Briefe* mit jeder Faser seines Bewusstseins. Und es bleibt ungewiss, ob die Trunkenheit der Freude von der Betrachterin ausgeht oder vom Betrachteten: *Lang und begierig atmet der Baum des Nordens den Geruch von Schnee ein und berauscht sich.* Dem Dichter und Diplomaten Milan Rakić (1876–1938), dessen *Ewiger Reisender* (*Večiti putnik*) den Norden als tot empfand,[19] spricht sie jegliches Naturverständnis ab. Die Bergketten Norwegens haben für sie jene Symbolkraft der gewaltigen Höhe und Himmelsnähe, die Miloš Crnjanski in seinem Gedicht *Sumatra* (1920) den stillen, schneebedeckten Gipfeln des Urals verlieh.[20] Wer die *Kälte*, sprich: den Norden, nicht verstanden hat, kann auch die *Ewigkeit* nicht begreifen. In einem Gespräch wenige Monate vor ihrem Tod äußerte sich Sekulić noch einmal zum Kern ihres Reiseessays: *Städte ändern sich, doch was die Naturbeschreibung betrifft, so ist diese wahrhaftig und könnte die Leser auch noch nach hundert Jahren interessieren. Überall kommt tiefes Nachdenken zum Tragen.*[21]

Vor diesem Hintergrund lässt sich auch Sekulićs intellektuelle Biographie umreißen. Da sie ihre Eltern und den Bruder früh verlor, musste sie selbst für ihren Lebensunterhalt sorgen. Mit ihrer Ausbildung zur Lehrerin in der damals zur Habsburgmonarchie gehörenden Vojvodina und in der ungarischen Hauptstadt ergriff sie den einzigen qualifizierten Beruf, der Frauen im letzten Drittel des 19. Jahrhunderts zugänglich war. Um 1900, nach der Begründung von Gymnasialklassen für Mädchen, stand Abiturientinnen der Besuch ausgewählter Fächer an Universitäten offen. [22] Mit diesen Bildungsmöglichkeiten, die sich dem Engagement eigens dafür gegründeter Frauenvereine verdankte, bahnte sich der Weg in die Emanzipation. Auch Sekulić, die 1909 nach Serbien umsiedelte, um als Lehrerin für Naturwissenschaft, Sprachen und Turnen in Šabac, seit 1912 dann an der höheren Mädchenschule in Belgrad zu arbeiten, engagierte sich zunehmend in Vereinigungen serbischer Frauen. 1920 hielt sie eine Rede auf dem Kongress des Internationalen Frauenbunds in Oslo; an dieses Ereignis erinnert ihr Porträt auf der Titelseite der norwegischen feministischen Zeitschrift *Neues Terrain* (*Nylænde*).[23] Vor dem Hintergrund des patriarchalen serbischen Kulturmodells unterstreicht sie später in ihren Essays die fortschrittliche Rolle der Frau in Norwegen. Sie hebt hervor, dass in dieser in Hinblick auf die zwischenmenschlichen Beziehungen hochentwickelten Gesellschaft, die für die Erziehung ihrer Bürger zu Solidarität und Sensibilität durch Religion, Literatur, Kunst und häusliche Bildung sorgt, auch die unverheiratete Frau ein geachtetes und wertvolles Mitglied ist.

Mit ihrem Engagement in der Frauenbewegung ging auch die persönliche Emanzipation Sekulićs einher. Um ihren sozialen Status als alleinstehende und -reisende Frau aufzuwerten, schien sich Sekulić gewisser

Mystifikationen zu bedienen. Zwar waren in Europa Globetrotterinnen ebenso wie Frauen in der Politik, Literatur und Wissenschaft keine ungewöhnlichen Erscheinungen mehr, in Serbien provozierten sie immer noch die Öffentlichkeit. Die mit dem Norden verwobene Biographie der serbischen Pionierin gibt insofern zwei Rätsel auf: In Briefen deklarierte sie ihre Reise nach Norwegen als Hochzeitsreise. Am 14. Januar 1914 erschien in der Belgrader Zeitung *Politika* eine Todesanzeige; ihr Ehemann, der polnischen Arzt Emil Stremnicki, sei auf der Rückreise unerwartet verstorben. Einige Jahre unterzeichnet sie mit dem Doppelnamen Sekulić Stremnicki. Die Ehe, die urkundlich aber nicht belegt ist, könnte fingiert worden sein, um etwaige Konflikte von vornherein abzuwenden. Zum anderen führte sie ausgedehnte Bildungsreisen in europäische Hauptstädte, wo sie auch Vorlesungen zu Literatur und Komparatistik besuchte. Sie gibt an, 1922 in Berlin promoviert zu haben, was durch das Fehlen einer Promotionsurkunde und ihres Namens in den Promotionslisten des Berliner Universitätsarchivs jedoch unbestätigt bleibt. Über beide Angaben kann also nur spekuliert werden.

Noch während ihrer Tätigkeit im Schuldienst, der sie bis zur Pensionierung Anfang 1931 stets nachging (außer im Jahr 1926, als sie an der Botschaft des Königreiches Jugoslawiens in London arbeitete), entfaltete Sekulić eine unermüdliche publizistische Tätigkeit als Schriftstellerin, Essayistin und Kritikerin. Ihre kultur-, literatur- und kunstkritischen Texte erschienen in Zeitschriften wie *Novi Srbin* (*Der neue Serbe*) in Sombor, *Ženski pokret* (*Die Frauenbewegung*) in Belgrad, *Nova Evropa* (*Neues Europa*) in Zagreb und in der führenden Literaturzeitschrift *Srpski književni glasnik* (*Serbischer Literaturbote*). Sie schrieb über – um nur einige wenige Beispiele zu nennen – Alexander Puschkin, Henrik Ibsen, August Strindberg, André Malraux, Rainer Maria Rilke, Virginia Woolf, über Ivo Andrićs *Novellen* in der deutschen Übersetzung von Alois Schmaus, über die erste Nietzsche-Übersetzung ins Serbische (*Also sprach Zarathustra*), die *Walküre* Richard Wagners, mit dessen Tetralogie sie sich dann zur Zeit der deutschen Besetzung Jugoslawiens intensiv beschäftigte, über die serbische Künstlerin Zora Petrović, die französische Schauspielerin Sarah Bernhardt und die russische Tänzerin Anna Pawlowa. Beeindruckend ist auch die Bandbreite von Sekulićs Übersetzungen, darunter Werke von Oscar Wilde, Ralph Waldo Emerson, Edgar Allen Poe, T. S. Eliot, Fjodor Dostojewski, Michail Saltykow-Schtschedrin, Gottfried Keller. Sie übersetze

Märchen der Brüder Grimm, Georg Paysen-Petersens *Schildbürger* und Goethes *Leiden des jungen Werthers*, und nicht zuletzt den norwegischen Kaufmannsroman *Garman & Worse* (1880) von Alexander Kielland.

Sekulić gab den Impuls zur Gründung des jugoslawischen PEN-Clubs, der sich im Februar 1926 mit dem Universitätsprofessor Bogdan Popović als erstem Vorsitzenden und Sekulić als Sekretärin formierte.[24] Versammlungsort war das am Festungspark Kalemegdan gelegene Hotel *Serbischer König* (*Srpski kralj*), das 1941 im deutschen Bombenangriff zerstört werden sollte. Bemerkenswert ist auch Sekulićs Engagement für eine unkonventionelle Literaturbetrachtung und Komparatistik, die sie in ihrer Essayistik, doch insbesondere in ihrem richtungsweisenden Beitrag *Isochimenen in den Literaturen* (*Izohimene u književnostima*) von 1924 entwickelte. In diesem Essay greift sie terminologisch auf Alexander von Humboldt zurück, der mit seinem System der Isothermen, Isotheren und Isochimenen, die auf den Messungen der mittleren Jahres-, Sommer- und Wintertemperaturen basierten, die moderne vergleichende Klimatologie begründete:

> Wir alle kennen jene etwas geheimnisvollen blauen Linien, die eigenwillig fast die gesamte

geographische Karte durchkreuzen. Eine Art dieser Linien trägt den Namen Isochimenen, das heißt Linien, die auf einer Karte alle Punkte mit der gleichen mittleren Wintertemperatur verbinden. Natürlich interessiert uns hier nicht die geographische, sondern vielmehr die symbolische Bedeutung dieser Linien. Beispielsweise beginnt die Isochimene von 0° irgendwo unterhalb von Spitzbergen und verliert sich im Süden des Kaukasus. Als symbolische Graphik bedeutet sie demnach, dass es stark determinierte Verbindungen zwischen durchaus abgeschiedenen Punkten gibt, dass eine sehr charakteristische Erscheinung keine einzigartige Erscheinung ist, dass mancher Süden nicht der echte Süden ist, dass es neben so manchem Norden noch einen weiteren Norden gibt usw. [25]

Humboldts Anliegen war die systematische Erfassung klimatischer Erscheinungen in ihren allgemeinen Zusammenhängen. Die Temperaturverteilungen an der Erdoberfläche standen in enger Beziehung zu den agrikulturell-ökonomischen und moralisch-politischen Handlungsorientierungen der Völker.[26] In der Isochimenen entdeckt Sekulić analog dazu eine für die

Literatur der Moderne zutreffende Figur der vergleichenden Übertragung:

> Die blauen geographischen Isochimenen stehen auch symbolisch für das literarische Leben. Wer über viele Jahre hindurch die Karte aller möglichen literarischen Sedimente, Konfigurationen und Naturen literarischer Kontinente, Flüsse, Ströme, großer und kleiner Inseln betrachtet, der sieht in dem Netz und in der Verschränkung von Jahrzehnten, Nationen, Schulen, Gruppen und Individuen tatsächlich die blauen Linien einer verborgenen Graphik des literarischen Lebens, der sieht die unbemerkten, jedoch starken Bindeglieder für alles Verwandte und Abhängige, die zurückhaltenden, doch skeptischen Revisoren von allem, was jung und neu ist ...[27]

Die Isochimenen in der Literatur erfassen das kulturelle Pulsieren, gleiche Ausschläge an verschiedenen Orten. Sekulić hat konkret die Dynamiken in der zeitgenössischen jungen Literatur vor Augen, die modernistischen und avantgardistischen Erscheinungen, die traditionelle Kartierungssysteme längst verlassen hatten. Analog zu den isothermen Linien, die verschiedene Klimazonen durchlaufen, stellten Sekulićs

Isochimenen Verbindungen zwischen Schriftstellern unterschiedlicher Breiten- und Längengrade sowie unterschiedlicher Epochen her, sie entwarf eine kulturelle Landkarte nach literarischen Kriterien.

Die symbolischen Linien kultureller Berührungspunkte sind nicht nur Gegenstand von Sekulićs Essayistik. Das imaginäre Erkunden dieser Verbindungslinien beginnt bereits in den *Briefen aus Norwegen* mit geheimnisvollen Passagen durch Zeit und Raum und mündet konsequent in der Erkenntnis, dass *mancher Süden nicht der echte Süden ist* und dass es *neben so manchem Norden noch einen weiteren Norden gibt.*

Die Anerkennung des vielschichtigen Werks und gesellschaftlichen Engagements Isidora Sekulićs kommt spät. Als erste Frau wird sie im Jahre 1939 korrespondierendes, 1950 dann ordentliches Mitglied der *Serbischen Königlichen Akademie*, später *Serbischen Akademie der Wissenschaften und Künste.* Ein Jahr darauf erschien die Gesamtausgabe ihrer Werke, für die sie die *Briefe aus Norwegen* stilistisch überarbeitete und mit einem Vorwort versah, in dem sie rückblickend Stellung zur einheimischen, im Nationalen gefangenen Literaturkritik zu Beginn des 20. Jahrhunderts bezog. Darin spricht sie sich auch gegen das Unwissen und die undifferenzierte Betrachtung der nördlichen Länder Europas aus, die sie – im Gegensatz zu manchem Kritiker – bereist hatte. Als dann ein Drittel der 4500 während des Zweiten Weltkriegs in nationalsozialistischen Arbeitslagern in Norwegen internierten Jugoslawen zurückkehrte, rückte das Land in die Aufmerksamkeit der jugoslawischen Öffentlichkeit, und auch die *Briefe aus Norwegen*, die mit dem Ausbruch des Ersten Weltkrieges in Vergessenheit geraten waren, kursierten erneut auf dem Buchmarkt.[28]

Die letzten Jahre bis zu ihrem Tod im Jahre 1958 lebte Sekulić zurückgezogen in ihrem Haus auf dem Topčider-Berg. Ihren letzten Essay widmet sie dem Reisen, der Nomadizität des Seins.[28] Auch wenn der Mensch die neuen Techniken der mobilen Welt beerbe (sie erinnert sich an den Orient-Express in der Kindheit), geht es weniger um die Bewältigung des (noch ungekerbten) Raums, sondern vielmehr um die Verräumlichungen zeitgebundener Gedanken im Prozess des Schreibens. Im Denken verdichten sich alle Ereignisse und Einsichten zur historischen Erkenntnis: *Geschichte ist eine Reise, bei der sogar die Bewegung im Raum selbst zur Illusion wird.*[30] Reisen bedeutet nicht nur Durchqueren von Raum, sondern Zeitlichkeit, Vergänglichkeit und Neubeginn.

Bis zuletzt war es Sekulićs Bestreben, die Dinge wirklich zu *sehen*, die Existenz zu durchdringen. Die Einsicht, dass dieser Prozess ein wechselseitiger und einer Art Kreislauf und Transformation unterworfen ist, findet sich bereits in den *Briefen aus Norwegen*, in der Begegnung mit dem Nordlicht:

> Das Nordlicht leuchtet dem Menschen nicht nur, es betrachtet ihn und nimmt ihn wie ein übernatürliches Auge wahr. Daraufhin schaut es auch der Mensch selbst leidenschaftlich an, er schaut nur. Die Sehkraft führt im Menschen ein Eigenleben, und das quält schrecklich. Man staunt, ängstigt und quält sich. Sind diese prächtigen Farben am Himmel nur Trugbilder in der Luft oder Wirklichkeit, von wirklicher – die Menschen lieben und schätzen das Wort w i r k l i c h ungemein – Objektivität? Der kleine Mensch, besonders der Mensch aus dem Süden, der dieses nördliche Licht nicht begreift, fühlt unter und vor diesem Licht eine prachtvolle, eine vergebliche Erhabenheit. Was ist das? Vielleicht beginnt wenig später die Neuerschaffung der Welt. Vielleicht verwandeln wir Menschen uns …[31]

Sekulićs Lehrmeisterin war, wie die hier ausgewählten Texte aus den Jahren 1913–1951 nahelegen, von Anfang an die Natur. Ihre Erkenntnis und auch die Vision, die sie mit ihrer Reise nach Norwegen verband, reifte von Angesicht zu Angesicht mit dem Licht des Nordens.

Anmerkungen

1 *Pisma iz Norveške*, in: *Sabrana dela Isidore Sekulić* (= SD) 4, S. 49.

2 Vgl. Jovan Skerlić: »Milutin Bojić: Pesme«, in: *Srpski književni glasnik*, Bd. 32 (1914) Heft 9, S. 714–716, hier S. 714.

3 Nenadović, der in Prag, Berlin und Heidelberg Philosophie studiert und West- und Südeuropa bereist hatte, u. a. begleitete er den montenegrinischen Fürstbischof und Dichter Petar II. Petrović-Njegoš als dessen Sekretär nach Italien, veröffentlichte die pointiert humoristischen *Briefe – aus Norddeutschland* (1850), *der Schweiz* (1852) und *aus Italien* (1868). Eine große geistige Nähe verband Sekulić mit dem jüngeren Miloš Crnjanski (1893–1977), der auch Reiseberichte veröffentlichte, u. a. *Briefe aus Paris* (*Pisma iz Pariza*, 1921), *Liebe in der Toskana* (*Ljubav u Toskani*, 1930) und das teilweise auf Notizen seiner Reise durch die Polargebiete im Jahre 1937 beruhende Spätwerk *Bei den Hyperboreern* (*Kod hiperborejaca*, 1966).

4 Insbesondere in der Zwischenkriegszeit erlebte das Genre einen Höhepunkt, vgl. Casey Blanton: *Travel Writing: The Self and the World*, New York 1997, und für Serbien: Vladimir Gvozden: *Srpska putopisna kultura 1914–1940*. Belgrad 2011.

5 *Saputnici*, SD 1, S. 15.

6 Vgl. Fritz Joachim Sauer: »Reisen als Wille und Vorstellung: Norden ist Norden und Süden ist Süden«, in: *Text im Kontext*. 6, hg. von J. Alexander Bareis und Izabela Karhiahovon, Göteborg 2005, S. 255–265.

7 In altisländischer Sprache verfasste Zyklen mit skandinavischen Götter- und Heldensagen aus dem 13. Jahrhundert.

8 Vgl. Karl Heinz Bohrer: *Der Mythos vom Norden. Studien zur romantischen Geschichtsprophetie*. Diss. Köln 1961,

S. 124; zit. nach Jürgen Schröder: *Gottfried Benn: Poesie und Sozialisation*, Stuttgart 1978, S. 134.

9 Friedrich Nietzsche: »Nachgelassene Fragmente 1884–1885«, in: *Kritische Studienausgabe* 11, München 1988, S. 682.

10 Vgl. »Balkan. Beleške jednog balkanofila« (1940, Balkan. Anmerkungen einer Balkanophilen), SD 12, S. 584–588.

11 Die wenigen Fotodokumente in Sekulićs Nachlass können tatsächlich nicht eindeutig Norwegen oder Montenegro zugeordnet werden.

12 Der Norweger August Henrik Angell, der 1893 wiederum Montenegro bereiste, beschrieb den Kampfgeist der Bergbewohner im Südosten. Wohlgemerkt reiste Angell auf Skiern durch das Land und gilt auch als erster Skilehrer der Montenegriner.

13 *Pisma iz Norveške*, SD 4, S. 68.

14 Ebd., S. 65.

15 Vgl. *Pisma iz Norveške*, SD 4, S. 123.

16 *Pisma iz Norveške*, SD 4, S. 77.

17 Ebd., S. 99.

18 Ebd., S. 78.

19 Erstes Gedicht der 1924 veröffentlichen »Drei Briefe« (*Tri pisma*, 1924). Vgl. Milan Rakić: *Pesme* (Gedichte), Belgrad 1952, S. 109, und Isidora Sekulić: »Predgovor« (Vorwort), in: ebd., S. 23.

20 Vgl. Miloš Crnjanski: »Erläuterung zu ›Sumatra‹«, in: *In unseren Seelen flattern schwarze Fahnen. Serbische Avantgarde 1918–1939*, hg. von Holger Siegel, Leipzig 1992, S. 35–43.

21 Interview vom 18. März 1957, zit. nach Slobodanka Peković: *Isidorini oslonci* (Isidoras Säulen), Novi Sad 2009, S. 176.

22 Z. B. in Zürich, wohin Mileva Einstein-Marić, Albert Einsteins erste Ehefrau, ging und 1896 als zweite Frau – nach der Norwegerin Marie Elisabeth Stephansen – ein

Studium der Mathematik und Physik am damaligen Polytechnikum Zürich aufnahm.

23 *Nylænde: tidsskrift for kvindernes sak*, Jg. 34, Heft 23 (1. Dezember 1920).

24 Vgl. Predrag Palavestra: *History of the Serbian PEN*, Belgrad 2006.

25 »Izohimene u književnostima«, SD 12, S. 167–177, hier S. 167

26 Humboldt geht auf diese Zusammenhänge bereits in dem Vortrag »Hauptursachen der Temperatur-Verschiedenheit auf dem Erdkörper« an der Berliner Akademie am 3. Juli 1827 ein. Diese und in dem Beitrag »Des lignes isothermes et de la distribution de la chaleur sur le globe« (1817) vorausgegangene Überlegungen finden in einer endgültigen Formulierung Eingang in Humboldts spätere Werke, insbesondere in sein Buch *Kosmos. Entwurf einer physischen Weltbeschreibung* (1845).

27 »Izohimene u književnostima«, SD 12, S. 167 f.

28 In der Zwischenkriegszeit nahm in Jugoslawien das Interesse für Nordeuropa zu, es erscheinen diverse Bücher über Skandinavien und den »Skandinavismus«, darüber hinaus der illustrierte Expeditionsbericht *Durch das Polargebiet* (*Kroz polarnu oblast*, 1932) des Belgrader Mathematikprofessors und Hobbyfischers Mihailo Petrović (1868–1943). Nach dem Zweiten Weltkrieg trat neben den literarischen Reisebericht über Norwegen, zu nennen wäre insbesondere Olga Moskovljevićs *Im Land der Mitternachtssonne* (*U zemlji ponoćnog sunca*, 1966), mit Desanka Maksimovićs Gedichten *aus Norwegen* (*Pesme iz Norveške*, 1976) auch ein lyrischer Versuch der Annäherung.

29 »Putovanje je problem egzistencije« (1957, Reisen ist eine Frage der Existenz), in: SD 4, S. 290–294.

30 Ebd., S. 293.

31 *Pisma iz Norveške*, SD 4, S. 143 f.

Editorische Notiz

Der Reisebericht *Briefe aus Norwegen* (*Pisma iz Norveške*) wurde 1914 von dem angesehenen Belgrader Verleger und Buchhändler Svetislav B. Cvijanović (1877–1961) herausgebracht, der noch unbekannte zeitgenössische Autorinnen und Autoren entdeckte und förderte. Die Erstveröffentlichung der *Briefe* erfolgte unter dem Doppelnamen Isidora Sekulić Stremnicka, den die Autorin nach ihrer vermeintlichen Heirat in Norwegen mit einem polnischen Arzt angenommen hatte.

Die vorliegende Übersetzung folgt der für die erste Gesamtausgabe von Sekulićs Werken und Schriften des Belgrader Prosveta-Verlags in zehn Bänden überarbeiteten Ausgabe von 1951, S. 25–40 (»I. Oslo [Kristiana], Ende August«) und S. 144–160 (»VIII. Ende Oktober«). Änderungen gab es in dieser zweiten Ausgabe, wie Sekulić in ihrem Vorwort schreibt, nur marginale: *Die Romantik wurde an manchen Stellen, dort wo das Bild nicht ganz klar war, gemildert; sonst war es unerlässlich, dass der Stil romantisch blieb, denn das norwegische Land ist wunderschön und hat seine Beschreiberin verzaubert. Manchmal wurden ein-zwei Sätze hinzugefügt, um die Vergangenheit mit der Gegenwart zu verbinden, und die Vergangenheit wurde, aus der Gegenwart betrachtet, noch besser herausgestellt.* (S. 22)

Die beiden Kapitel aus den *Briefen* werden um drei Prosatexte ergänzt, die zeitlich zwischen der Erstveröffentlichung und der zweiten Auflage derselben entstanden sind und damit die Kontinuität unterstreichen, mit der die Autorin sich seit ihrem ersten Aufenthalt in Norwegen an dieses Land erinnerte. Der Essay *In Norwegen lebt keiner von Gott verlassen* (*U Norveškoj niko ne živi iza božijih leđa*) wurde 1925 in dem kurzlebigen Belgrader Jahrbuch *Kalender der nationalen Verteidigung* (*Kalendar narodne odbrane*), S. 167–170, abgedruckt. 1931 erschien *Fragment eines Briefes aus Skandinavien* (*Odlomak pisma iz Skandinavije*) in der ersten modernen serbischen Literaturzeitschrift *Serbischer Literaturbote* (*Srpski književni glasnik*), Bd. 32, Heft 1, S. 21–26.

Der die vorliegende Auswahl beschließende kurze Text *Auf einem norwegischen Felsturm* (*Na kuli norveškog grebena*) wurde nach dem Typoskript im Nachlass übersetzt, das in der Belgrader Universitätsbibliothek *Svetozar Marković* zugänglich ist. Der Erstveröffentlichung von 1941 in Sekulićs modernistischem Essay- und Prosaband *Aufzeichnungen* (*Zapisi*), Belgrad: Mlada Srbija 1941, S. 174–176, ging eine wesentlich längere Version von 1931 unter dem Titel *Notiz* (*Beleška*) voraus, ebenfalls abgedruckt im *Serbischen Literaturboten*.

In der Übersetzung wurden an einigen Stellen Kürzungen vorgenommen. Die originale Schreibung von Eigennamen, Realia und Titeln wurde möglichst beibehalten. Die beigefügten Anmerkungen stammen ausschließlich von der Herausgeberin.

Im Nachwort wird nach der 2001 bis 2004 im Novi Sader Verlag »Stylos« in 14 Bänden erschienenen und von Zoran Glušević und Marica Josimčević herausgegebenen Gesamtausgabe der Werke (Sabrana dela) Isidora Sekulićs unter Angabe des Kürzels SD und Seitenzahl zitiert.

Danksagung

Verlag und Herausgeberin danken Prof. Dr. Aleksandar Jerkov, dem Direktor der Universitätsbibliothek *Svetozar Marković* in Belgrad, und Dr. Nikola Marković, dem Leiter der Abteilung für alte und seltene Bücher, in der sich auch der Nachlass von Isidora Sekulić befindet, für die freundliche Gewährung der Rechte für die Übersetzung und den Abdruck der Photographien in diesem Band, sowie Svjetlana Đelić für die hilfreiche

Unterstützung. Zwei weitere Photographien wurden uns freundlicherwiese von der *Matica srpska* in Novi Sad zur Verfügung gestellt.

Ganz besonders möchte ich Dušan Hajduk-Veljković danken, der meine Übersetzung geduldig und kompetent geprüft und mich stets ermuntert hat. Dem Verlag sei für das sprachliche Lektorat gedankt, durch das der Text sehr gewonnen hat. Und nicht zuletzt gilt mein Dank Angela Richter, mit der ich vor einiger Zeit im Ambiente ihres Köpenicker Schrebergartens begonnen hatte, Texte von Isidora Sekulić zu lesen und zu diskutieren. Daraus ergaben sich eine internationale Konferenz (2008) und der Band *»Isochimenen«. Kultur und Raum im Werk von Isidora Sekulić* (2012). Sicher ist der eine oder andere Gedanke des Nachworts gemeinsamen Überlegungen entsprungen.

Inhaltsverzeichnis

Der vorliegende Band entstand mit freundlicher Unterstützung der Universitätsbibliothek *Svetozar Marković* in Belgrad.

Die Holzschnitte auf dem Buchumschlag stammen von Christian Thanhäuser. In seiner Werkstatt im österreichischen Ottensheim, die auch hunderte Setzkästen und eine Vielzahl an Handpressen umfasst, schneidet er Holzschnitte für Buchillustrationen. Im Hintergrund der schwarzen Ebene ist das Gebirge Jotunheimen zu sehen, im Vordergrund der Nærøyfjord. Die grüne Ebene, die auch als Frontispiz verwendet wurde, zeigt das Porträt Isidora Sekulićs.

Erste Auflage Berlin 2019

Göhrener Str. 7, 10437 Berlin

Gestaltet von Pauline Altmann, Berlin
Gesetzt aus der Satyr und der Faunus von Monokrom
Die Herstellung übernahm Hermann Zanier, Berlin
Gedruckt und gebunden von Art-Druk, Szczecin

ISBN 978-3-932109-96-6
www.friedenauer-presse.de